みんなを幸せにする
インクルーシブ教育
自閉症児と定型発達児が共に学ぶ
武蔵野東幼稚園の挑戦

MAKE EVERYONE HAPPY

加藤篤彦

INCLUSIVE EDUCATION

はじめに

　私が園長を務める武蔵野東第一・第二幼稚園（以下、本園）は、東京都武蔵野市にある私立の幼稚園です。他の幼稚園と違うのは、創立時からずっと自閉スペクトラム症の子ども（ASD児。以下本書では、診断を受けていないグレーゾーンの子どもを含める場合は「AS児」と表記）たちを数多く受け入れ続けてきたことです。

　全園児に占める診断を得ているASD児の割合は13％となります。ユニークな実践だと評判となり、日本中から入園希望者が集まってくる園でもあります。新聞や雑誌で紹介されることも多く、2022年には当時の文部科学大臣も視察に来ました。その他にも多くの人たちが、国内はもちろん、海外からも視察にやってきます。

　本園が注目される理由、それは在籍するASD児が驚くほど成長を遂げるからです。集団での行動が苦手で何一つできなかった子が、1年、2年と本園で過ごすうちに、周囲と共に歌ったり踊ったりして楽しめるようになる――。そんな噂が口コミで広がり、全国から注目を集めています。視察で本園に訪れた人の中には、「この子たち、本当にASDなのですか？」と驚かれる人もいます。

　なぜ、ASD児がそれほどまでに成長できるのか。それは本園が他園とは異なる、独自の教育プログラムを展開しているからです。プログラムの柱は「混合教育」と「生活療法」の二つで、いずれも本園が創立当初から実践し、改良を重ねてきたものです。

「混合教育」については近年、国の概念として「インクルーシブ教育」という言葉が使われています。障害のある子とない子が共に過ごす中で、「共生社会」を目指すという概念であり、まさに本園が60年近くにわたって目指してきたものと言えます。

とはいえ、その中身について言えば、全国で取り組まれている「インクルーシブ教育」と本園が実践する「混合教育」の間には、実態として大きな違いがあります。ASD児をただ通常クラスに入れただけでは、決して「インクルーシブ教育」とは言えませんし、子どもたちの成長も期待できません。大切なのは、障害のある子とない子が共に過ごす中で、お互いの成長が最大限に引き出されるようにすることであり、本園の「混合教育」はそのために練り上げられた独自のシステムなのです。

もう一つの「生活療法」は、子どもたちが日々の生活を通して成長していけるようにするために、本園が実施している環境調整や支援のことを指します。日本だけでなく世界的にも注目を集めており、訳語の「Daily Life Therapy®」は商標登録もされています。アメリカのマサチューセッツ州には、「生活療法」に基づくプログラムを展開する学校として、「ボストン東スクール」があり、州の公的な学校教育として位置づいています。

ＡＳ児の保護者は、大きな不安や葛藤を抱えながら日々を過ごしています。幼稚園の行事では、他の子と同じことができないわが子を見て不憫に思い、自宅では言うことを聞いてくれないわが子についい声を荒げてしまい……。そんな日々が続く中で、子どもの将来を悲観し、自らを責めてしまう人も少なくありません。

本園は創立以来ずっと、そうした保護者の思いに寄り添いながら、どのようにすれば一人ひとりの子の成長を引き出すことができるか、試行錯誤を重ねてきました。私が園長になってからも、教職員同士で幾度となく話し合いをもち、チーム一丸となって良き教育実践の開発や環境整備に努めてきました。

本書『みんなを幸せにするインクルーシブ教育―自閉症児と定型発達児が共に学ぶ武蔵野東幼稚園の挑戦』は、そうした取り組みの数々を一冊の本にまとめたものです。

第1章では、本園の園児がどのような日々を過ごし、どんな成長を遂げているのか、そのリアルな姿を行事から紹介します。

第2章では、教育プログラムの柱の一つ「混合教育」について、その具体的な実践内容を紹介します。

第3章では、もう一つの柱である「生活療法」に焦点を当て、子どもが育つための環境整備や教員と園児との関わりなどを紹介します。

第4章では、子どもの成長を引き出すためのツールとして、本園が他に先駆けて推進してきたＩＣＴの活用について紹介します。

第5章では私自身のキャリアを振り返る形で、本園で取り組んできたことを紹介します。そして最後の第6章では、日本における現状の「インクルーシブ教育」や幼児教育を俯瞰的に見渡した上で、どのような課題があるのかを私自身の視点で述べさせていただきます。

ASD児に対し、「そういう特性がある子だから」「障害に起因する特性だから」と、どこか諦めてしまっている人は少なくありません。教員の中にも保護者の中にも、そうして見切りをつけてしまっている人がいます。でも、決して諦めてはなりません。ASDなどの障害の有無にかかわらず、その子の成長を可能な限り引き出し、良き人生を送っていけるようにするのが私たち大人の使命なのです。

本書を読んだ方がASD児、AS児の未来に希望を抱き、明日への力強い一歩を踏み出してくださることを祈っています。

2024年2月

加藤　篤彦

目次

■第6章 多様化する日本社会の未来と教育システムの在り方

第1章

よりよい世界を担う子どもを「混合教育」で育てる

幼児教育や学校教育にとって「行事」の意味や目標を考えることはとても大切です。その園や学校の教育の在り方は、行事に色濃く表現されます。そのため、本書ではまず私たちの行事を紹介したいと思います。

「混合教育」に取り組む本園では、障害の有無にかかわらず、すべての子どもにとってその日を迎えるのが楽しみな行事となることはもちろん、その準備の過程で子どもが何を学ぶかを重視しています。そのために保育者は、子どもが何を感じているのか、考えているのかを丁寧に把握します。行事当日までには、その学びの過程を保護者の方とも共有し、当日はみなで温かく個々の子どもの取り組みを応援する日にしたいと考えています。本章では、混合教育によって障害の有無にかかわらず子どもたち同士が、どうかかわり、どんな成長を遂げているのか、いくつかの例をご紹介します。

ＡＳＤ児の親の秘めた思い

年度末のある日、武蔵野市民文化会館の大ホールでは１３００人を超える聴衆が、固唾をのんでステージ上を見つめていました。幼稚園の発表会です。オレンジ色の衣装を身にまとって踊っているのは、ＡＳＤの少人数クラスの子どもたちです。

約5分の発表が終わると、会場から大きな拍手が沸き起こりました。聴衆の中には、堂々としたステージを披露したわが子の姿に感動し、大粒の涙を流している親の姿もあります。

私はこれまで、こうした光景を幾度となく見てきました。ASD児の保護者にとって、行事はまるで「鬼門」の一つのように感じられる方が多いのです。以前、ある保護者が次のように語っていました。

「別の幼稚園に通わせていた頃は、運動会や発表会などの行事が近づくたびに胃が痛くなっていました。当日は『うちの子が、何とかさらしものにならないで早く終わってほしい』という気持ちでいっぱいです。これまで、『ひょっとしたらわが子の成長した姿を見られるのでは……』と淡い期待を抱いていては、やはりできないのか……と落胆する経験を何度もしてきました」

この言葉を聞いたとき、私はASD児の保護者が背負ってきた苦難、通ってきた試練の大きさを痛感し、胸がキリキリと締めつけられました。本来ならば晴れの舞台であるはずの行事なのに、「さらしものにならないでほしい」という秘めた思いを吐露されたからです。

さらに言えば、行事に参加できるだけでもまだよいというケースもあります。以前の園で「行事は不安定になるから、無理をさせないほうが……」と暗に欠席をうながされて、参加を見合わせたという経験をされた方もいるのです。

それだけに、本園の行事で生き生きと躍動するわが子の姿を目の当たりにした保護者は驚きます。

「以前在籍していた幼稚園の行事では、息子は先生に手をひかれ、ただ指をくわえていました。お遊戯などはやらないし、できないのだと思い込んでいました」

「ビデオを握り締めながら、涙が止まりませんでした」

行事のたびにこんな感想を保護者の方々がお寄せくださいます。

私たちの幼稚園に通うASD児たちは、どの子も入園前にすでに診断を受けた子どもたちです。東京都の療育手帳の等級には、1度（最重度）、2度（重度）、3度（中度）、4度（軽度）の等級がありますが、そのうち2度〜4度の子どもたちが通ってきています。軽度の子どもたちばかりではなく、中度や重度の子どもたちもたくさん在籍しています。

幼稚園児の発表会でダンスを披露する「少人数クラス（ASD児クラス）」の子どもたち

そんな子どもたちが、通常学級の子どもたちも含め、みんなで一緒にダンスに取り組む姿に、多くの関係者は驚きます。中には、「軽度の子だけを預かっているのですか？」と聞く人もいますが、そうではありません。

もちろん、ダンスの途中で固まって動かなくなる子もいれば、座り込んでしまう子もいます。子ども同士の支え合いや保育者の支援もありますが、なるべく子どもたちが自分の力で演じきれるような関わり方をします。そうした関わりを通じ、本園に通うＡＳＤ児たちは、少しずつ自分で自分をコントロールする力が身についていくのです。

ＡＳＤ児でも園外での活動ができるようになる

７月の昼過ぎ、少人数クラス（＝ＡＳＤ児のクラス）の年長の子どもたちが続々と園に集まってきました。この日は、待ちに待った「お泊り保育」の日。子どもたちにとって、家族と離れて寝泊りする初めての体験なので、期待と不安が半分半分といった様子です。

この「お泊り保育」は、子どもの体験の幅を広げ、やり遂げる経験から自己肯定感を得て、落ち着いて自己コントロールできるようになってほしいという願いから実施するものです。子どもたちには、あらかじめどんな日程なのか、活動中にどんなことをみんなで楽しみたいかを園生活の中で伝え、考える機会をつくります。また、保護者にも目標や内容を具体的に示し、「みんなで泊まる」ためのに、ご家庭で取り組んでほしいことについての協力もお願いします。

当日は「はじまりの会」からスタートしました。ここで保育者が2日間のスケジュールを再度確認します。ASD児にとって、見通しがもちにくいことは不安の要因となります。活動の直前に確認のレクチャーをするだけで、その後の安定感が増します。

その後、子どもたちはマイクロバスで園外に出発。初めは自然豊かな広大な公園です。みんなで仲良く園内を散策した後は自然文化園へいき、さまざまな生き物の観察。初めて目にする動物もいて、子どもたちは興味津々の様子です。

子どもたちは移動中、二人一組で手をつないで列をつくって歩きます。一般的には、みんなと一緒に歩くことは、ASD児にはできないことと思われがちですが、本園では日常の光景です。

園に戻って夕食を済ませた後は、お待ちかねの「お楽

きちんと列をつくって公園内を移動する「れんげ組」（少人数クラス）の子どもたち

しみ会」です。子どもたちが自分でアイデアを出したイベントで、懐中電灯を片手に、夜になった真っ暗な園舎内を歩いて、保育者が隠しておいた宝物(自分たちで製作したもの)を探すのです。宝物が見つかるたびに、「あった!」と子どもたちの歓声があがります。

そうして夜8時頃には子どもたちは床に就きます。イベントが盛りだくさんだったこともあり、多くの子どもたちはすぐに眠りに落ちます。

翌日、起床後は寝具の後片付けをし、朝食を食べたら2日間のプログラムは終了。お迎えに来た保護者に連れられ、「楽しかった」と声をあげて、元気いっぱいに帰っていきます。

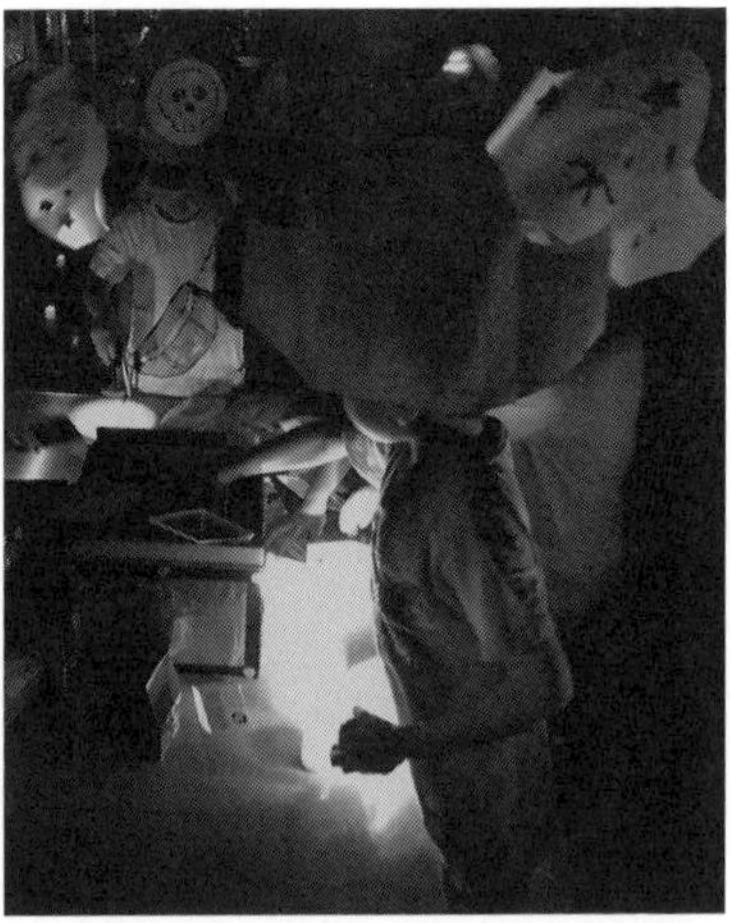
「お楽しみ会」で宝探しをする子どもたち

2日間の流れを当たり前のように書きましたが、一般的にはASD児たちがこのプログラムをこなすのは、決して容易なことではありません。ASDは社会的相互関係に課題がある(一般的には、人とのかかわりができないと思われている)と言われます。

そのため、ASD児だけで行事に参加する、ましてや宿泊すること自体が無謀というイメージをもつ方も少なくないと思います。公園を歩いている途中で列から離れたり、見学中に座り込んで動かなくなったり、お楽しみ会に参加するのを嫌がったりするのではないかと、さまざまな心配が先に立つのではないでしょうか。

本園でこうしたことができるのは、担任はもちろんのこと、サポートする保育者全員が個々の幼児理解を元にした「チーム」となり、連携を大切にして行事に取り組んでいるからです。行事のためでなく普段の保育の中で、丁寧に少しずつ経験を積み重ねて、自己コントロールできる力を培い、クラスみんなの中で安心して過ごせるようになっていることが大切です。

こうした園生活を積み重ねて、お泊り保育で園外に出て散策するときは、普段園で一緒に過ごしているクラス12人で行動します。場所が園から園外に変わるだけで、普段通りの「みんなで一緒」の行動ですから、グループを担任一人で引率できます。他の保育者は、そのサポートに入る程度です。

また、保護者の理解と家庭での「準備」もとても大切にしています。例えば、家庭では明るい部屋でないと寝られないから、就寝まで電気をつけっぱなしにしているというケースがあります。そんな場合は、「お泊り保育では、みんなと一緒に寝る楽しさを経験してほしいので す。家でも寝るときの照明に変化をつけてみませんか」と相談します。習慣化していて、電気を消すことがなかったというご家庭もあります。しかし、園からの働きかけでちょっとした意識の変化が起き、挑戦してみたら暗くても寝られるようになったりすることもあります。

お泊り保育は、普段の家庭生活を見直すきっかけにもなります。
普段の園内での過ごし方の工夫と、保護者との様々な連携があって、このように、おおよそプログラム通りに滞りなくお泊り保育を楽しむことができるのです。

社会的相互関係に課題があると言われるＡＳＤ児も、いつも身近に一緒にいてくれる担任を信頼します。ＡＳＤ児同士の中で互いに豊かに支え合うことだって当たり前にできるようになります。こうした本園のＡＳＤ児同士のコミュニケーションについては、近年、いろいろな場で着目されるようになっています。

もちろん、４月当初からそうした行動ができるわけではありません。今回「お泊り保育」に参加したのは年長クラス。多くの子が２年以上にわたって本園で過ごし、経験を重ねることで、そうした行動ができるようになってきたのです。なぜ、そのような行動がとれるようになるのか、その詳細については第２章と第３章で詳しく解説していきたいと思います。

子どもたち自身が「納得解」「最適解」を見いだす

10月。年長組（通常クラス）の子どもたちが、「造形展」（園まつり）で何をつくるか、話し合いをしていました。一般的に、こうした展示はまず保育者間で展示テーマや展示物を調整した上で決めることが多いと思われます。しかし、本園では何をつくるのかは子どもたちがみんなで話し合い、自分の思いを実現する「主体者」となれるように支援します。

年長のあるクラスでは、自分たちで協同制作したいものを、まずは一つずつ挙げていくことにしました。「じゃんぐる」「くるま」「めいろ」「にんじゃやしき」など、いろいろな意見を担任がボードに記録します。そこから一つだけ選ぶなら多数決がよいということになり、最も多くの票数を集めたのは「もんだいのいえ」という、部屋ごとになぞなぞがあるというマンションでした。これをみんなで段ボールを使ってつくるのです。何ともおもしろそうで「それじゃあ、みんなで『もんだいのいえ』をつくろう！」と、盛り上がりました。

ところが、実際に制作を開始する段階になって、「えびのいえ」を提案したＡＳＤ児のＡ君（第２章で後述しますが、ＡＳＤ児たちは少しずつ通常クラスで過ごす時間を増やしていきます）が「僕はやっぱり『えびのいえ』をつくりたい！」と言いだしました。「強いこだわり」があって、どうしても「えびのいえ」がいいという気持ちが譲れないようです。

こうした場合、担任の立場だったらどうされるでしょうか。「みんなで多数決にすると決めたのだから、仕方ないでしょう」などと説き伏せて話を進めるでしょうか。この担任は子どもたちに「どうしよう？」と問い掛け、対応を委ねたそうです。

すると、「えびね！」と言って、3～4人の子どもたちがリードする形で、段ボールを切って貼って、A君が頭からすっぽりかぶって着るえびの服のようなものをつくりだしたのです。

数日間、もんだいのいえと共にだんだん出来上がっていくエビの服がA君も楽しみで仕方ありません。後日、完成した「えびの服」に収まったときは実にうれしそうでした。

すると、その様子を見ていたB君も「ぼくも恐竜になりたい」と、恐竜の服をつくりだし、エビと恐竜が結婚することになり、クラスのみなで結婚セレモニーをおこない……などと、「もんだいのいえ」の制作と並行して、この話は子どもたちの想像力がいかんなく発揮されおもしろく展開していきました。

最終的に造形展では、「もんだいのいえ」の横に、「えび」と「きょうりゅう」の服が（作品？として）並びました。ただ、その服は、造形展までの間に遊び尽くしたものでしたから、お世辞にも、見栄えがよい作品でもありません。ちょっとシュールな作品

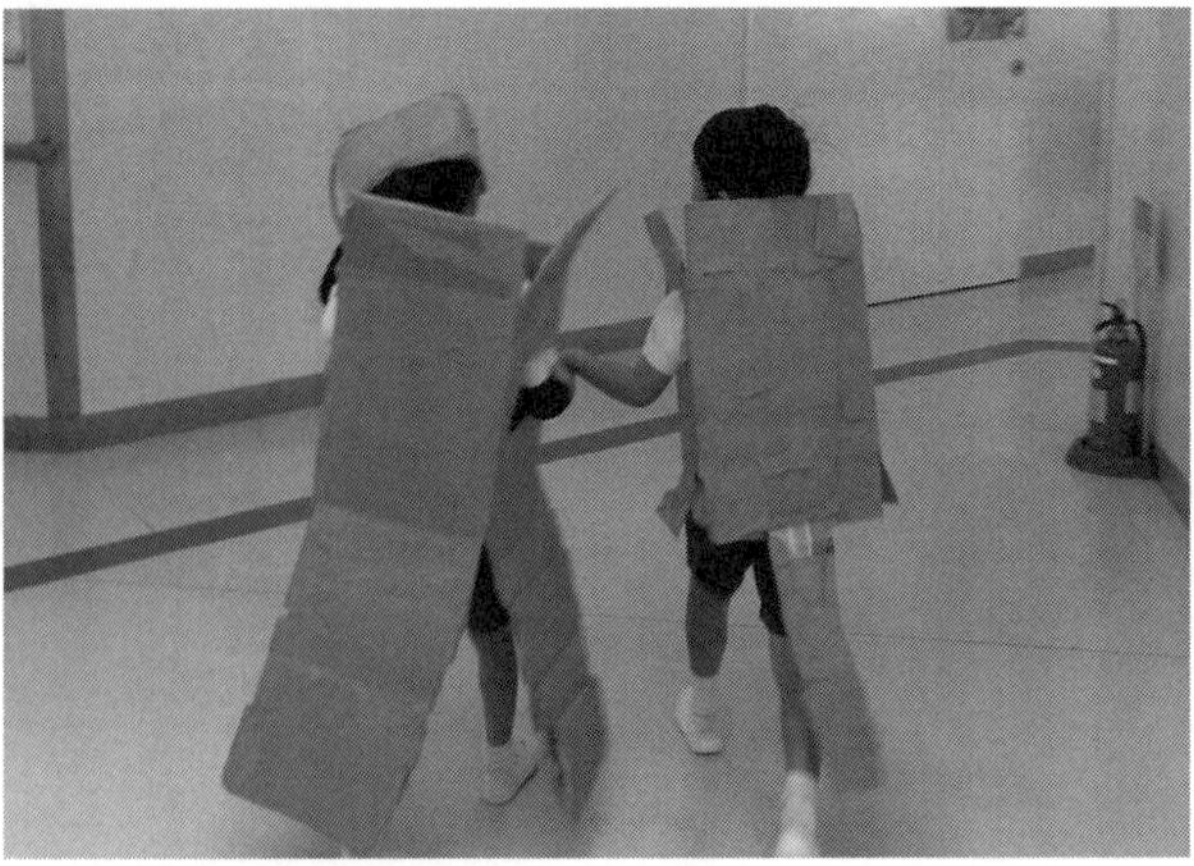

ダンボール製の「えび」に収まったA君（左）と
「きょうりゅう」に収まったB君（右）

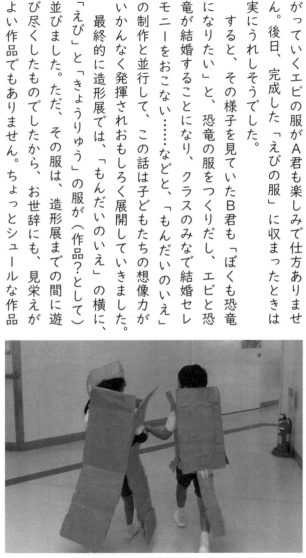

展示となりました。

作品展などの行事があると、保育者はつい「見た目のでき栄えのよさ」に意識が向いてしまいがちです。美しい完成形を披露すると、保護者や地域の方に「この園はすごいねぇ」「幼児もこんなことできるようになるんだねぇ」と、成果が分かりやすく伝わるからです。

しかし、そのような評価を得るために保育者が子どもに指示をして作品をつくるようになると、子どもの主体性が育ちません。行事の本来の目的は何か。何のためにおこなうのかをしっかり考えれば、「どんなものができたか」ではなく、それまでの取り組みを通じて「子どもたちにどんな力が育ったか。何が身についたのか」を明らかにすることが大切なはずです。

本園の「造形展」では、子どもたちが互いに協働しながら、一人ひとりの思いや願いを、形にしました。「多数決だから」と少数派の意見を切り捨てることもせず、誰一人取り残すことなく、クラスの全員の「納得解」や「最適解」を見いだしたのです。しかも、子どもたち自身の力で、です。担任の「どうしよう」という問いかけから子どもたち同士での取り組みが始まりました。このプロセスの中で培われた力にこそ、本当の価値があると私は思います。

なお、成長のプロセスを保護者の皆様に伝えることが大切ですから、造形展では、作品とともに子どもたちの話し合いや、葛藤、それを乗り越えていく姿（写真の記録）をデジタルサイネージに映すとともに、スマホから動画データにアクセスできるようにしています。本当に伝えたいのは作品よりプロセスなのです。保育者も、この意義を理解して、記録や撮影に協力してくれます。

これからの社会変化をたくましく生き抜く子どもたちの力を培う教育が求められていますが、本園の造形展にはその在り方があらわれているのではないかと思っています。

周囲の子がごく自然に、ＡＳ（Ｄ）児に手を差し伸べる

６月、年長クラスで「おたんじょうかい」が開かれました。この日の誕生会としてみんなで楽しむゲームは「フルーツバスケット」がいいと決まったようです。鬼役の子が「イチゴ！」「リンゴ！」「バナナ！」などと言うと該当する子が席を移動し、「フルーツバスケット！」と言うと全員が移動する定番のゲームです。

ゲームが始まってまもなく、鬼役なったＣ君が床にしゃがみこんでしまいました。ＡＳＤ児が椅子に座れず鬼役になったのです。すると、ある子がＣ君の近くへ歩み寄り、「何がいい？」と声を掛けました。その様子を見て、他の２～３人の子もＣ君の近くに寄ってきて「どうしたい？」「イチゴがいい？」などと声を掛けます。クラスには誰一人として「早くして！」とか「決めて！」とか言う子はいません。みんな、Ｃ君がアクションを起こすのをじっと待っ

ています。

その後、C君の小さな声を聞きとったお友達の一人が「リンゴ！」と宣言。また一気に盛り上がります。C君もクラスのみんなに促されて空いた席へと移動しました。

ゲームが進む中、同じくASD児のDちゃんの靴が脱げてしまいました。するとすかさず、近くの子が履かせようとします。でも、なかなかうまくいかず、ゲームは一時中断を余儀なくされます。

このように、本園のゲームはいつも「わちゃわちゃ」しながら進みます。傍から見れば、テンポよくゲームが進みませんから、何ともまとまりがないように見えてしまうかもしれません。けれども、テンポよく物事が展開すれば安心というのは、大人側の視点ではないでしょうか。大切なのはASD児も含めて、みんながそれぞれにそれぞれの子の行動を受け入れ、ときに手を差し伸べながら、クラス全体がそのクラスのペースで楽しむことです。

フルーツバスケットの最中、しゃがみこんだC君に歩み寄ろうとする周囲の子どもたち

「手を差し伸べる」と書きましたが、当の子どもたちには「やってあげる」感覚はないように感じます。彼ら彼女らが考えているのは、「どうすれば自分を含めたクラスのみんなが楽しく過ごせるか」であり、そのために必要と思う働き掛けをしているだけなのです。

例えば、ＡＳＤ児のＦ君が保育室を飛び出して、廊下にしゃがみこんで、そこにある掲示物を興味津々に見つめていたときに、Ｆ君の傍らに寄ってきた３人の女の子が、手をとって保育室に戻るよう促すのか……と思いきや、３人はＦ君をしばし見守った後、「何がおもしろいの？」と声を掛けました。きっと、無理やり教室に連れ戻そうとすれば、Ｆ君がパニックを起こすと知っているのでしょう。

こうした光景は、本園では何ら特別なものではありません。例えば、おやつの時間に「いただきます」を言う前に手を出して食べようとする子がいれば、周囲の子が「まだだよ」と言ってやさしく諭します。また、滑り台の上で躊躇している子がいれば、ごく自然にさっと周囲の子が手を差し出します。別に、保育者がそうしなさいと指導しているわけではありません。

ＡＳＤ児との関わり方は、いろいろな専門書で述べられていますが、本園の子どもたちはそうした知見やスキルを日々の経験の中で身につけているのです。そんな子どもたちの行動に、私たち保育者が学ぶことも珍しくありません。

いろいろな思いの詰まった運動会の「クラス対抗リレー」

5月末、年長の事例です。系列校である武蔵野東小学校の校庭をかりて本園の運動会が開催されました。もちろん、ASD児も通常クラスの子も一緒につくりあげる運動会です。特に年長全員リレーは、通常クラスの子どもたちと一緒に25名のASD児が一緒にバトンを繫ぐ花形の競技で、毎年みんなが楽しみにしています。ASD児も一人で走る子、通常クラスの年長児と一緒にペアで走る子など、クラスの話し合いで決まっていきます。

この運動会の本番を迎える前の話です。ASD児のGちゃんと一緒に走りたいと自ら名乗りでたH君は、困っていました。それは、一緒に走るために手を握ると、すぐに地面に寝転がってしまうからです。ちっとも一緒に走ってくれません。リレーは各クラスで当然1位をねらっています。悩んだH君は、相談の場があるクラス会で、「走ろうとすると、すぐに寝てしまうんだけど……」と話しました。

すると、「一緒にお弁当を食べたらいいんじゃない？」「初

通常クラスの子がASD児の手を引きながら走る「クラス対抗リレー」

めに『ねえねえ』と言ったらよかったよ」「Gちゃん、バトンを渡すのは上手だよ」などとクラスのみんながいろいろなアイデアを出してくれたのです。一緒に走るための方法をみんなで考え、いろいろ試みて、バトンを繋ぐ。そんな日々で子どもたちが経験することは、ただ速く走ってバトンを渡すことではありません。課題を自分たちで考え、アイデアを出し合って取り組み、また振り返って修正するプロセスを通じ、行事を「自分のもの」にする。これにより、子どもたちが自身の力で問題を解決していく力を身につけていきます。この力は、学校教育段階だけでなく、実社会にもつながる「生きる力」になるはずです。

それとは逆に、保育者の指示の下、子どもが「やらされている」状況をつくってしまうと、子どもたちの思考は停止します。結果、保育者の言うことを聞いて行動はできるが、受動的な指示待ち人間を育ててしまうのではないかと思います。

クラス対抗リレーでは、元気いっぱいに走るI君の姿もありました。実はこのI君にも、本番までの日々にちょっとしたドラマがありました。

I君のクラスは人数の関係で、誰かが2回、リレーを走らなければいけません。I君は「我こそ！」と立候補しましたが、他にも2回走りたい子はいます。そのため、「実際に走って決着をつけよう」という話になりました。

最終的にI君は、その最終決戦に敗れてしまいました。でも、本人はどうしても2回走りたくて、諦めきれません。いつまでも園庭に残り、遊具を転がしたり、回転遊具で一人でぐるぐる回ったりしています。走りたいという気持ちと、それができない現実に折り合いをつけられない様子が全身から伝わってきました。でも、本園の保育者はこうしたときに「あきらめなさい」などとは言いません。クラスの子どもたちも、少し離れたところから見つめました。保育者に促され、クラスのみんなは教室で待つことにして、園庭から引きあげました。するとしばらくして、I君が教室に戻ってきました。そして担任にこう伝えたのです。

「座り相撲で、もう一度（2回走る人を決める）勝負がしたい！」

思わず担任も大笑いしてしまったようです。その希望は通りませんでしたが、自分の葛藤にしっかりと向かい合う時間が保障されていたことや、その葛藤をクラスの仲間や保育者が否定せずに受け止めてくれたことで、教室に戻ってこられたようでした。自分の思いが通らないときにはパニックのようになるI君ですが、こんな日々を経て、徐々に自分の気持ちをコントロールできるようになっていきました。運動会では、最終的には「5番目に走りたい」という希望をクラスに伝え受け入れてもらったことで、本人もみんなも納得して走る順番を確定することができました。彼なりの落としどころは、きっと周囲の子どもたちの落としどころでもあったのでしょう。クラス全員にとって、大きな成長の機会になったと思います。

ＡＳＤ児と共に過ごすことで「互いに」成長する

この日の運動会で、ＡＳＤ児とペアで走った通常クラスのある子のお母さんからは、こんなお手紙をもらいました。

「年長になり、グググッと成長し続けていることを先生から伺う話や相手を思いやるふとした言葉、行動から実感している毎日です。最近は『俺やるよ！』と掃除機をかけたり、お風呂洗いや米とぎなど、よくお手伝いをしてくれています。（中略）そんなわが子が、運動会を終えて帰宅したら、私の膝にのってきて『ギューしてぇ』と甘えてきたのです。年長になってから普段は強い男の子を装うようにもなったわが子が、ペアの友だちと一緒にリレーに取り組んできて、彼も精一杯頑張ったんだなと思いつつ、抱きしめていました。親としても至福の時間でした」

ＡＳＤ児と一緒に過ごす中で、子どもたちがごく自然に支え合う関係性を築いていることが、自宅での生活態度にも心の育ちにも少なからず影響を及ぼしている様子がうかがえます。

一方、あるＡＳＤ児のお母さんからは、次のような手紙をもらいました。

「うちの息子は、以前いた幼稚園の運動会にはほとんど参加せず、加配の先生（筆者註：補助保育者）に手をひかれて指をくわえていました。プライドが高く、失敗を恐れる性格ゆえ、息子は人前で表現をしないし、できないのだと思い込んでいました。そんな自分たちの考えを恥じるほど、今年の息子は一生懸命生き生きと参加していました。特に『負けるくらいなら参加しない』と言っていたクラス対抗リレーに、一員として出ていた姿は感動的でした」

この子は運動会本番の数日前から、リレーで速く走るコツを父親に聞いていたそうです。「絶対に1位になる！」というクラスの固い決意をくみ取り、自身も同じ気持ちになっていたのでしょう。

とはいえ、運動会では全クラスが1位になれるわけではありません。歓喜に包まれるクラスは1位になったクラスだけ。あとのクラスは悔しさに打ちひしがれるのが運動会です。

今回の運動会も、敗れた悔しさから泣きだす子がいました。するとある子が、「3位」のトロフィーをそっと見せながら、「がんばったよ」と慰めていました。

本園の「混合教育」は単に〝障害がある人にやさしくしましょう〟というものではありません。障害のある子どももそうでない子どもも、それぞれが互いに当たり前に気遣い合うこ

「クラス対抗リレー」に敗れて悔しがる子に、トロフィーを見せながら慰める子

とで、成長することを目指すものです。障害のあるなしに関係なく、子どもたちが互いに支え合う関係性を自然に築きたい。悔し泣きする子を慰める子どもがごく自然に見られるのは、そんな目的を掲げている本園ならではの光景だと思います。

行事の最上位目標とは

以前、ASD児の保護者の方が、運動会の後にこんな感想を寄せてくれました。

「以前の園ではイベントの練習にも参加できず、ぶっつけ本番で親がシャドーについていたので、椅子に座って観覧できただけで泣きそうでした」

「シャドー」とは、園で加配を付けられない場合に保護者が子どもの横に付き添って、補助をする役割のことらしいです。

そういう意味では、本園ではまず、子どもたち同士が互いを支え合う関係になっています。リレーの第一走者はASD児が選ばれることが多いのですが、「第一走者となったわが子に周りの保護者や子どもたちが『がんばれ～！』という大声援を送ってくれて、涙が止まらずとても感動しました。武蔵野東幼稚園の良さだなぁと思いました」。

私たち保育者にとって、子どもが互いに支え合いながら行事を進めるのは、当たり前の日常風景です。ＡＳＤ児の少人数クラスも通常クラスも一緒に行事に取り組みます。それだけに、こうした感想を読むと日本の幼児教育、特別支援教育にはまだまだ大きな課題があることを痛感します。

行事の本来の目的は何でしょうか。決して、美しく整った競技や作品を披露することではないのです。大切なのは、行事を通して子どもの成長を促すこと。この最上位目標を見失ってはいけないと考えています。

幸い、本園は繰り返し説明していることもあって、保護者の方々もこの目標をしっかりと見据えて、「わちゃわちゃ」と進行する行事になっても見守ってくださいます。あるＡＳＤ児の保護者は、全保護者に向けてこんな言葉を寄せてくれました。

「多くのお子さんの目標は『速く走ること』だと思います。でも、わが子の目標は『途中で止まらず最後まで走りきること』、『コースを逸脱しないこと』、そして『同じチームのお友達にバトンをしっかりと渡すこと』です」

最後までやり抜くこと、周囲の仲間と力を合わせることは、私たち大人が実社会を生きていく上で不可欠な資質・能力です。そうした目標を保育者と保護者がしっかりと共有することが大切だと考えています。

スモールステップで、壁を一つずつ乗り越える

よく知られているように、ＡＳＤ児には強いこだわりがあります。新しい場所や急な予定の変更など、「いつもとは違う場所」や「いつもと違う雰囲気」に対しては敏感で、変化に対応することが苦手です。そのため、十分な配慮が必要です。

とはいえ、「やりたくない」「いきたくない」といった気持ちを尊重してばかりいては、その子の成長を引き出せません。そうなると、その子の生きる社会はどんどん狭まってしまいます。一方で、強引にやらせればパニックを引き起こすだけです。

それだけに、適切な関わり方、適切な環境調整を通じ、その子の行動変容を促していくことが重要です。もちろん、簡単なことではありません。

そんな周囲の関わりで、一つの壁を越えた年長のＪ君の１月のエピソードを紹介します。

発表会に向けた練習をしていたとき、ＡＳＤ児のＪ君は「やりたくない」の一点張りで、クラスの輪に加わろうとしません。

本番まで約１カ月。そろそろ練習に加わらないと間に合いません。「何とかステージに立ってほしい」との思いをもつ保育者たちの間にも、少しずつ焦りが出始めます。

とはいえ、無理やりさせてよいことはありません。「スモールステップ」が大事だと考え、

まずはJ君をみんなが遊びにいって誰もいなくなった保育室に呼び、「一緒に踊ってみよう」と誘ってみました。すると、J君は担任の後に続く形で、踊り始めます。「すごい！　できたね！」と担任が抱きしめると、J君もうれしそうです。

次に、クラスの仲のよいお友達を二人呼んできて、一緒にやってみました。すると今度も、問題なくJ君は踊れました。こうしたステップを重ねた後、次はいよいよ全員が集合しての屋外での練習となりました。ところが、J君は園庭へ出ることに難色を示します。

そのとき、一緒に練習をしてきた同じクラスのASD児の友達が、「やろうよ！」とJ君に声を掛けました。そして左手をもち、園庭へ導こうとしました。そのタイミングで担任が右手をもち、「いけるかな」と声を掛けると、少し逡巡した後、J君は園庭へと向かいました。そうして、みんなと一緒に練習することができたのです。J君が一つの壁を乗り越えた瞬間でした。

とはいえ、本番の舞台は園庭ではなく、大きなホールです。発表会の前日に見通しをもてるように配慮し

友達に「やろうよ」と言われ、手を引かれながら園庭へと向かうJ君

て、実際のホールへとやってきたJ君は不安げな様子でしたが、周囲に促される形で、何とか舞台での練習をこなすことができました。保育者たちは、J君の頑張ったプロセスが形として実ることを願い、「明日も見られますように」と祈るようにして、前日練習を終えました。

そうして迎えた本番当日、控室にやってきたJ君は、椅子に座り両手で顔を覆ってしまいました。傍から見てもナーバスになっているのが分かります。大人だって、大舞台の前には緊張するのですから、仕方がありません。

いよいよ出番。保育者たちはどきどきしながら、舞台袖から送り出しました。所定の位置についたのですが、ここでトラブルが発生します。一緒に踊る年少クラスの子どもたちの準備が間に合わず、照明があたる前の暗い舞台上で待機することになったのです。保育者は少しあわてましたが、幸いJ君をはじめとする子どもたちは、「自分たちなりの過ごし方」で開始の合図を待ってくれました。

いざステージが始まると、J君は周囲の心配をよそに、生き生きと踊りだしました。そうして堂々と、約5分にわたる本番のステージをやり遂げました。また一つ、大きな壁を乗り越えた瞬間です。

後日、お母さんが次のような感想を寄せてくれました。

「本番は、感動して涙が止まりませんでした。Jは集団がとにかく苦手。だから武蔵野東幼稚園でなければ、舞台には出て来られなかったと思います。終わった後、本人は『ママ、ちゃんと見ていたの?』『ぼく、頑張ったから』などと話していました。今回の発表会は、確かな自信につながったのではないかと思います」

こうしたドラマは、J君だけではありません。年少クラスのASD児のKちゃんのお母さんは、次のような感想を寄せてくれました。

「前日のリハーサルでは、会場に着いた瞬間から少し警戒した様子で、『おしまい』『さようなら』と言って帰りたがっていたわが子。リハーサル前、私から離れる局面では大泣きしてしまいました。慣れない場所、いつもとは違う特別な雰囲気に、とても不安だったのだと思います。そして、いよいよ本番。『どうかクラスのみんなが出て来られますように!』と、祈るような気持ちで待ちました。いざ本番。娘、出てきたー! いち、にい、さん、し……9人全員いるー! すごいー! と、気付いたらビデオを握りしめながら号泣していました」

このお母さんの『みんなが出て来られますように』という言葉が、本当に素敵で素晴らしいなと思います。わが子だけが舞台に出られればよいと思うのではなく、同じASD児のみんなが一緒に、照明のあたる大きな舞台に立っていることを喜んでくださる保護者の方々がいらっしゃることを、園長として誇りに感じます。ASD児の保護者だけでなく、通常クラスの保護者も共感して、会場で温かく見守り、全力で拍手を送ってくださいます。

武蔵野東幼稚園の行事には、そんな保護者や保育者の思いが詰まっているのです。

実社会の違和感を察知する卒業生たち

ここで少し、本園を卒園した後の子どもたちの姿を紹介します。

本園には例年、系列校である武蔵野東中学校の生徒たちが保育実習をしにやってきます。中学校における授業の一環としてです。そうした生徒たちの多くは、本園の卒園生でもあります。

ある生徒が、実習後に次のような感想を寄せてくれました。

「自分がこの幼稚園にいたとき、ＡＳＤ児の存在というのは、ほとんど意識していませんでした。だから今回、他児との違いに注目してみました。初めはほとんど見分けがつきませんでしたが、ただ一つ違うと感じたのは、やはりコミュニケーションでした。一方で、集中力の高さ、何かに熱中するという部分においては、とても優れていることがわかりました」

この生徒が色眼鏡をかけることなく子どもたちを見た上で、ＡＳＤ児の特性を的確に見抜いていることが分かります。また、別の生徒は次のような感想を寄せてくれました。

「私は『支える』という言葉は、相手を自立に導く言葉だと思います。だから、一方的に何でも『やってあげる、助ける』ではなく、一緒にやってできたときの達成感をみんなで感じ合えるような『支える』をしたいと思いました」

「支える」とは「やってあげる」ではなく「達成感を共有する」ことだと述べています。この言葉はまさしく、本園が目指している姿であり、園児たちが日々実践していることです。この生徒は本園の卒園生なので、恐らく幼稚園時代に自身が経験してきたことを中学生になった今、言語化することができるようになったのでしょう。

系列校である武蔵野東中学校の通常クラスの生徒たちは、受験を勝ち抜き他の普通科高校へ進学します。しかし、そこで違和感を覚える生徒も少なくありません。恐らく、一般的な高校生の「障害」や「共生社会」に対する考え方との間に、隔たりがあるのでしょう。周囲の生徒の言葉に差別的な意識が潜んでいるのに気付き、ショックを受ける生徒も少なくありません。

そうした違和感があることから、高1の1学期の間に、多くの生徒たちが母校に戻ってきて「俺たち、間違っていないよな」などと確認し合うようです。毎年のように中学

武蔵野東中学校の卒業者による同窓会

校にはそんな風景があるようで、これを私は個人的に「東帰り」と呼んでいます。保育者のみならず、当学園の卒業生たちが「当たり前」だと思っていることが、世の中では「当たり前」ではないことに気付かされる一場面です。

そうしたこともあり、武蔵野東中学校の卒業生の絆は強いものがあります。20歳になると成人式のお祝いを兼ねて同窓生が集まるようです。そこには多くの同期が集まってくるのですが、もちろん、その中にはＡＳＤ児の卒業生もいて、みんなで仲良く写真撮影をするなどして盛り上がります。障害の有無にはまったく関わらずいつもの友だちとして、幼稚園時代と何ら変わらない彼ら彼女らの関わり合いを見ると、幼少期の過ごし方がその人の人生に大きな影響を及ぼすことを再認識させられます。

ＶＵＣＡの時代を生き抜く子どもたちに必要な資質とは

本園の「混合教育」を通じて養われる資質・能力の柱の一つは「みんなが仲良くあってほしい、みんなが幸せになってほしい」という願いに基づいた「想像力」だと思います。そして、この力こそが「共生社会」を築いていく土台になると私は考えています。少し分かりづらいと思うので、秋の「造形展」（園まつり）での具体例を挙げて説明します。

年長組のあるクラスでは、子どもたちは話し合いにより「竜宮城」をつくることになったそうです。みんなでイメージがそろうように完成予定図を描いて、制作がスタートし、何日も試行錯誤を繰り返し、ダンボールを素材とした竜宮城が出来上がってきました。するとある子から「竜宮城の入り口には階段があるといいね！」と提案があり、みんなでまた段ボール箱を集めてきて、階段づくりが始まりました。段ボールの階段も人がのっても壊れないものをつくるには、中に何を詰めるかなど試行錯誤が必要となりますが、何とかやり遂げたようでした。

階段ができてこれで完成するのかと担任も思っていたのですが、うちの年長さんたちがすばらしいなと思ったのは、ここからの話し合いなのです。階段が完成後、ある子が「私ね、小さい妹がいるんだけど、もしかしたらこの階段だと怖くて登れないかもしれない……」と、クラスのみんなに相談したのです。

すると、それを聞いた他の子が「僕も歩けるようになったばかりの小さな弟がいる！」「けがしちゃったら大変だよね」「年少さんのお友達にも遊んでほしいよね」などと、小さな子たちが安心して遊べるためにどうすればよいのかが話題となって、「怖くない階段をつくるためには」というテーマでの話し合いがスタートしたのです。私たち保育者にとっても、予想外の展開となりました。

その後、子どもたちは「小さな子どもでも怖くない階段」について、いろいろな工夫を考えました。そして、床と階段をしっかりと固定したり、手すりを付けたりすることにしました。そうすると、次には「大人の中にも、怖いと思う人がいるかもしれない」と言いだしました。そして、大人用の手すりもつくることにしたのです。

「階段を怖いって思う子が通れるものをつくりたいな」

「あ、坂道になってるやついいんじゃない?」

「それって、ベビーカーが通るところだね」

「あ!車いすの人も通れるやつだね! いいねぇ!」

「そうすればいろんな人が通れるね!」

そんな会話が展開され、階段の横にスロープもつくることにしました。そうして竜宮城には、向かって左側に手すり付きの階段、右側にスロープが設けられました。恐らく過去に前例のない、幼稚園児の手による「バリアフリー竜宮城」が完成したのです。

この竜宮城は、子どもたちに「小さな子が上がったら……」「大人が上がったらと……」という他者のことを思う想像力があったからこそ、つくれたものです。この他者を思う想像力は「共生社会」を築いていく上で、不可欠なものだと私は考えています。

世の中には、目が見えない人もいれば耳が聞こえない人、足が不自由な人もいます。その他にも、大きな音が苦手な人、肌が敏感な人、狭い所が苦手な人、暗がりが苦手な人もいます。大人になって商品・サービスの開発を担うことになったとき、そうした人たちの存在をイメージすることができれば、よりユニバーサルな商品・サービスを生み出すことができるでしょう。

なぜ、本園の子どもたちが想像力を発揮することができたのか。それは日頃からさまざまな特性をもつ子どもたちが、ごく当たり前に周囲にいるからです。ASD児が突然、保育室を飛び出す。そのときに、どうすれば外に飛び出さずにクラスみんなが楽しく過ごせるかを周囲の子どもが自分のこととして考える。そうした日常を通じ、子どもたちはさまざまなシミュレーションをしているのでしょう。

もちろん、子どもたち自身がそれを自覚しているわけでも、言語化できるわけでもありません。無意識の中に「多様な他者」を自然に受け入れ、自分たちのコミュニティーの最適化を図るための道を探っているのです。先行きが不明瞭な「VUCAの時代（167ページ参照）」を生き抜く子どもたちにとって、そうした経験はこの上なく貴重なものだと思います。

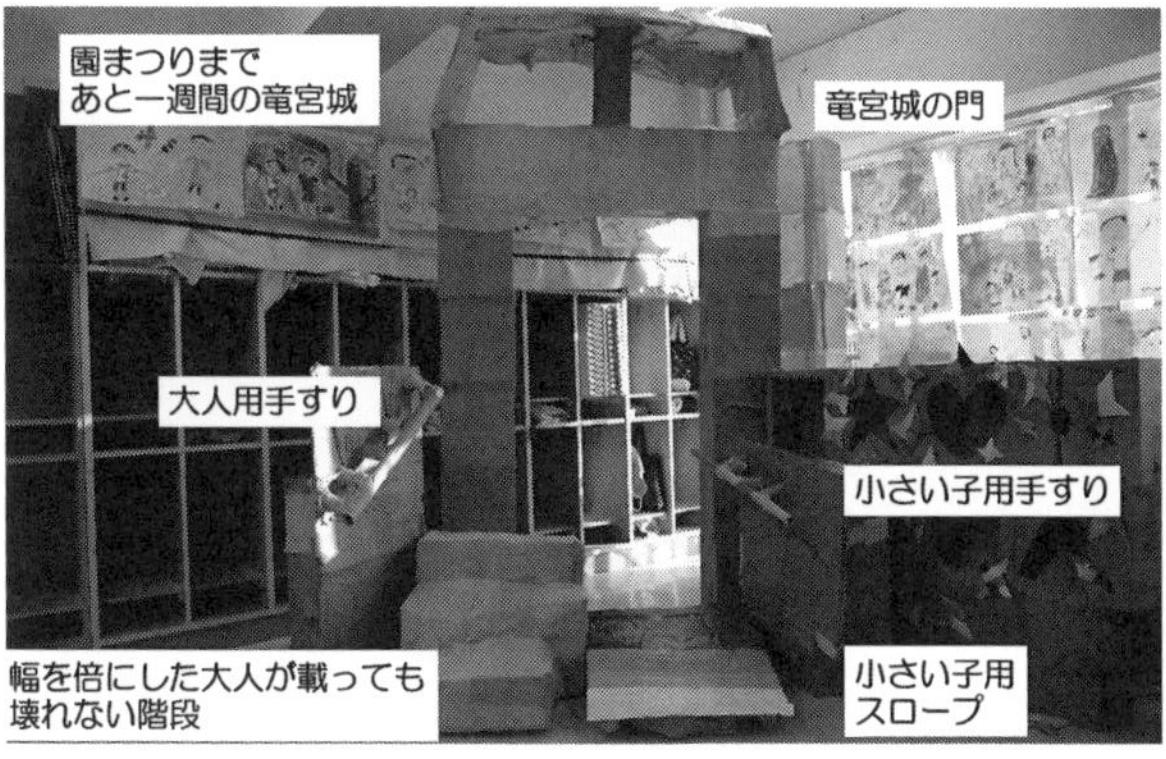

子どもたちがつくった「バリアフリー竜宮城」

私自身、子どもたちのこうした姿は、ぜひ保護者の方々にも知ってほしいと考え、積極的に発信するようにしています。先述したように、行事に来場した人たちに見てほしいのは作品そのものというよりも、その作品ができるまでに子どもたちが何を課題とし、何を考え、試行錯誤してきたかという学びのプロセス＝子どもたちがわたしと・あなたと・みんなの「ウェルビーイング」を目指して取り組んできた道のりです。

第2章
「快適空間」と「背伸び空間」で構成される「混合教育」の実際

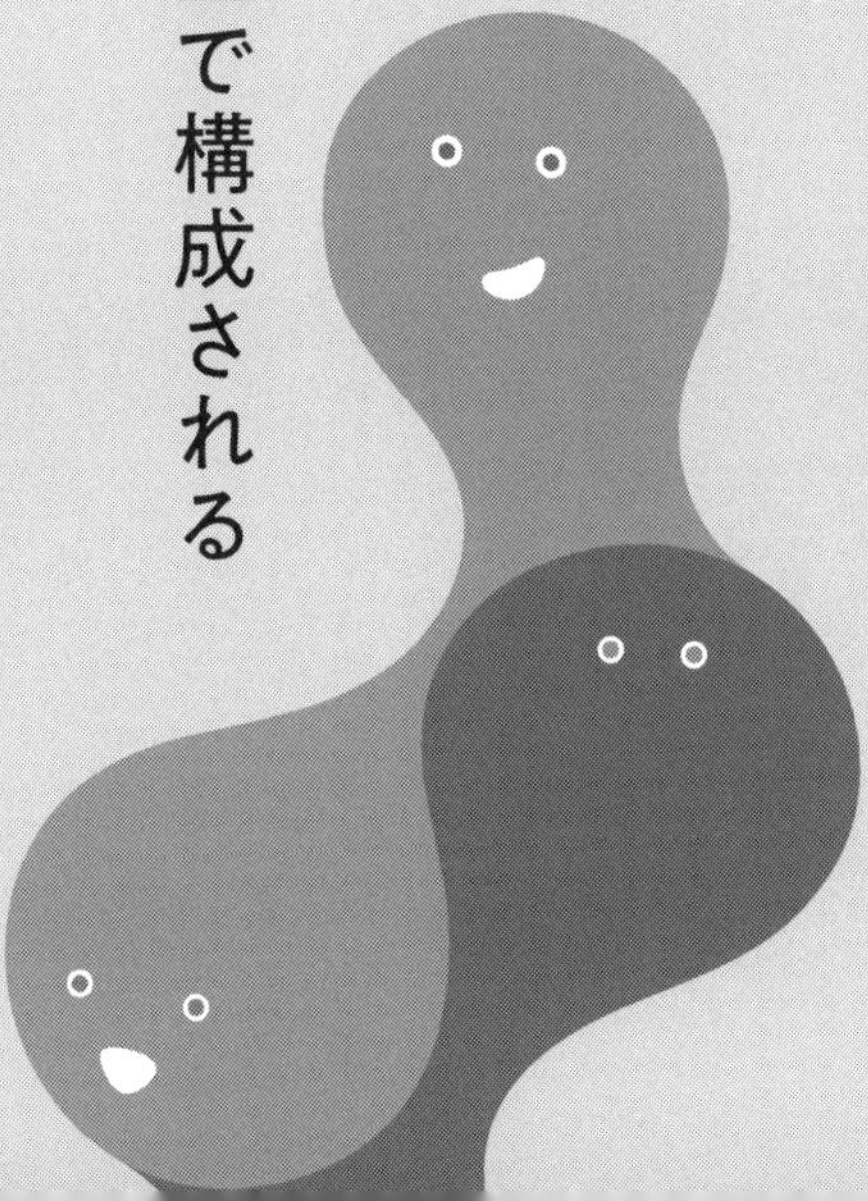

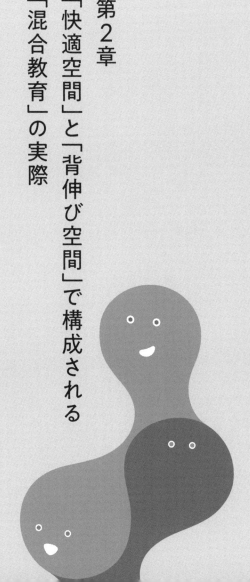

本園の「混合教育」は、他には類のないとてもユニークな学校教育のシステムと言われています。昨今、共生社会を実現するための「インクルーシブ教育システム」の構築が求められていますが、本園は60年前の創立時から、ASD児のための少人数クラスを設け、独自に運営してきました。この章では、共生社会に向けた本園の教育システムを、少人数クラスを中心として一つずつ丁寧に解説していきたいと思います。

本園のクラス環境

本園がある武蔵野市は、東京都のほぼ中央部に位置する人口約15万人の都市です。本園はその北側の住宅街にあり、「第一幼稚園」と「第二幼稚園」に分かれています。二つの幼稚園間の距離は400メートルほどで、大人の足で歩いて5分程度です。

通常クラスは、「満3歳児」「年少」「年中」「年長」の4学年があります。二つの園舎が近接している地の利を活かし、第一幼稚園は「満3歳児」と「年少」で幼児が過ごしやすい環境に特化。第二幼稚園では、小学校への接続も意識して「年中」と「年長」向けのダイナミックな幼児教育環境を整えています。

詳しくは後述しますが、本園のASD児は、入園直後から通常クラスで過ごすのではなく、通常クラスとは別の「少人数クラス」で過ごし、少しずつ通常クラスで過ごす時間を増やしていきます。少人数クラスも「年少」「年中」「年長」に分かれていますが、すべて第二幼稚園にあります。

少人数クラスが用意されているから「混合教育」は、「フル・インクルーシブ」ではないというご指摘をいただくこともあります。しかし、本園は長年にわたる実践を経て、少人数クラスは、次の5つの観点から、ASD児に必要な「基礎的環境整備」だと考えています。

1）ASD児にとっての安心・安定の居場所となる
2）特性にあった対応と環境の用意により、生活のスキルを身につけやすい
3）ASD児同士での活動を通して自己肯定感を得やすい
4）保育者との関係に加え、ASD児同士でのコミュニケーションを図る場となる
5）通常クラスの環境に自分の世界を広げるための基礎となる

もちろん、少人数クラスは隔絶されているわけではなく、通常クラスの子どもも自然にやってきて遊ぶことができるオープンな環境です。年少と年中の少人数クラスは子どもたちが一番よく通る、園庭に出る通り道のすぐ横にガラス張りで位置しており、子どもたちの心にも分け隔てが感じられないようになっています。

在籍するＡＳＤ児は計66名、全体の13％

少人数クラスに在籍しているのは、就園前の検診で「自閉スペクトラム症」と診断された子どもたちです。「自閉スペクトラム症」は、ＡＳＤやアスペルガー症候群、特定不能の広汎性発達障害などを含む概念で、対人関係が苦手だったり、強いこだわりがあったりします。

ＡＳＤ児の割合は全体の13％、計66名に上ります（表１・２０２３年９月現在）。２０２０年に弘前大学が、５歳における国内の自閉スペクトラム症の調整有病率が「３・２２％」であるとの調査結果を公表しましたが、本園は実にその４倍以上ものＡＳＤ児を受け入れていることになります。これほどまでに多いのは、本園が「混合教育」を教育理念に掲げ、長きにわたりＡＳＤ児のための教育で成果を上げてきたことが広く知られているからです。

本園が開園の認可を受けたのは１９６４（昭和39）年でした。その当時から「混合教育」を掲げて、実践してきました。これまで、本園を卒業したＡＳＤ児の数は１２４９人（２０２２年度）です。そうした実績や評判を聞きつけ、市外からも多くのＡＳＤ児が入園してきます。本園の本来の通学区域はおおむね武蔵野市とその隣接する地域ですが、ＡＳＤ児の約７割のご家庭は通園するために、遠く離れた土地から引っ越してこられます。

各学年2グループに分かれ、それぞれ担任と補助教員がつく

小学校では特別支援学級などがありますが、一般に幼児教育段階では、定型発達児とＡＳＤ児を分けず、二十数名ほどの集団の中にＡＳＤ児を単独で入れる幼稚園がほとんどです。そのＡＳＤ児には補助の保育者や職員がマンツーマンに近い状態で付き添い、クラス集団から外れたりする行動に個別の対応をすることが多いようです。

一方、本園は前述した通りＡＳＤ児のために「少人数クラス」を設置しているのが大きな特徴です。外部からの見学者にこの仕組みをお伝えすると、中には「それじゃあ、インクルーシブとか混合とはいえないのでは？」などとおっしゃる方もいます。確かに、見かけだけで判断すれば「クラスを分ける」ことは、「インクルーシブ」というより「分離」といえます。

ただし、教育とはそんなに単純な話ではありません。同じクラスにいても、実質的には「分離（＝子ども集団の中でＡＳＤ児が孤独を学んでいる）」していることもあります。逆に、クラスは別であっても、ＡＳＤ

表1　ASD児の在籍状況（2023年9月時点）

	年少	年中	年長	計
健常児	139名	139名	146名	424名
ASD児	17名	23名	26名	66名
ASD児の割合	10.8%	14.1%	15.1%	13.4%

児と定型発達児が豊かにつながりあっていることもあります。本園が目指すのは、互いが自然な形で交流し、共生社会の縮図たる関係性を園内に創ることであり、クラス編成はそのための手段の一つなのです。

もう少しかみ砕いて言えば、こうしたクラス編成をベースとし、スモールステップで交流を重ねていくからこそ、インクルーシブな関係性が創造されていくのです。この点は、後で詳しく解説します。

少人数クラスは、「年少クラス」が17名、「年中クラス」が23名、「年長クラス」が26名で構成されています（2023年9月時点）。しかし、ASD児だけでこの人数を一つの集団にするのは難しいので、どの学年も2グループ編成に分けて、グループごとに担任と支援をする保育者を配置しています。

子どもたちは、このグループ単位で行動しながら、通常クラスと交流する機会をもちます。とはいえ、入園してきたばかりの年少の子どもたちが、すぐに通常クラスと交流し始めるのではありません。いきなり23～25名もの子どもがいる通常クラスに入れば、環境の変化に戸惑い、パニックに陥ってしまう子もいるからです。

例えば、前述した通り、本園の少人数クラスは誰もが物理的にアクセスしやすい位置にあるため、「こだわり」が原因で泣いているASD児の元に、通常クラスの子がやってきて、「どうしたの？」と声を掛けることが、お互いのファーストコンタクトになるケースもあります。最初からすんなりと交流できるASD児もいるのですが、多くの子はそうはいきません。そのため、まずはASD児のみの少人数グループで活動し、園での生活を送るための土台をつくります。

とりわけASD児自身が落ち着けるように園生活を組み立てながら、少しずつ、交流もスモールステップで、徐々に広げていくようにしています。

少人数クラスは、「自分が好き」という感情を育むための最適解

本園がASD児の少人数クラスを編成している最大の理由は、①生活の土台を築きながら、②定型発達児と交流する、という二段構えのシステムを構築するためです。これは、ASD児に分かりやすい園生活環境を用意するという意味だけでなく、幼児期に「自分は価値のある大切な存在」だと思えるようにするため、すなわち「自己肯定感」を養うためでもあります。

幼児期に、自己肯定感を養うことができるか否かは、その子の人生を大きく左右します。

もし、最初から通常クラスで過ごし、逸脱した行動や周囲と同じことができないことを注意されたりすれば、その子の自己肯定感は下がります。そのため、まずはおよそのペースがそ

ろう「少人数クラス」での生活を通じて、一人ひとりの子どもが「ありのままの自分」が好きと感じられるようにすることが大事なのです。

「自分が好き」という感情は、「あなたが好き」という感情に直結しています。言い換えれば、自分を信じることができなければ、他者を信じることはできません。その意味でも、自己肯定感は社会生活を送る上で最も重要な、基礎的素養といえます。それだけに、細心の注意を払いながら、慎重に、大切に、じっくりと育んでいく必要があります。

本園の「少人数クラス」は、そうした素養を育てることを目指したものです。ASD児は、このような安定できる居場所があることで、無理なく、余裕をもって園での生活を送れます。そうして自己肯定感が育まれる中で、子ども同士が温かく関われる下地が出来上がっていくのです。すなわち、少人数クラスは真のインクルーシブ教育を実現する上での「基礎的環境整備」と「合理的配慮」であり、本園が長年の実践の中で築き上げてきた最適解なのです。

交流の具体的な流れ

ASD児たちは「少人数クラス」で自己肯定感を育みながら、少しずつ定型発達児との交流機会を増やしていきます。具体的にどのような形で交流がおこなわれるか、詳しく解説していきます。

本園の交流の具体的なパターンを示したのが53ページの図1です。「クラス交流」とは普段一緒に園生活をしている少人数クラスの子どもたちと先生が、通常クラスのいずれかに遊びにいくパターンです。子どもたち全員と先生が一緒に遊びにいくのは、はじめのうちは個人の交流よりもみんなと一緒のほうが安定するからです。通常クラスの先生が少人数クラスの子が好きなパネルシアター（パネルの布の上でおこなう人形劇のようなもの）や絵本などを読みます。通常クラスも楽しい空間と感じられるように、訪問する通常クラスを変えながら、何度も繰り返します。

慣れてきたら、それまでの交流の様子を考慮した上で、ASD児と交流する「ペアクラス」を設定します。ASD児が通常クラスで過ごす場合のクラスを固定化することで関係を深めるようにしています。

年中、年長は4月の段階で交流する同学年のクラスを決定します。ASD児にとって「自分のクラス」「自分の居場所」となるように、ペアクラスとなった通常クラスにも靴箱とロッカーを用意します。

また、年長組では、子ども同士が自分たちで出席を確認できるシートを作成しています。通常クラスの当番は毎朝少人数クラスにいってペアのASD児の出席をシートに記して、園児同士の中でも互いの存在をより意識するような工夫をしています。
こうした活動で大事にしているのは、交流や通級という経験をASD児の成長につなげることです。ペアクラスでの保育は、ASD児にとっては少し「背伸び」した環境での生活になります。ASD児自身の「安定」を基礎とし、少人数クラスで保育者とASD児同士の「かかわり」をつくり、その先に位置づけた通常クラスでは単に「過ごす」のではなく、その中でできることをスモールステップで増やすことが大切です。こうして園内における共生社会をつくりあげていくのです。

ペアクラスでの生活に慣れ、安定して学べるようになったASD児については、保育の時間のすべてを交流先で過ごすこともあります。ただし、通常クラスでまわりのみんなと同じようにできないことがフラストレーションとなって自己肯定感が下がってしまう場合もありますから、様子を見守り把握することが大事です。うまくいかない場合は、無理して通常クラスに通わず、少人数クラスに戻って安定

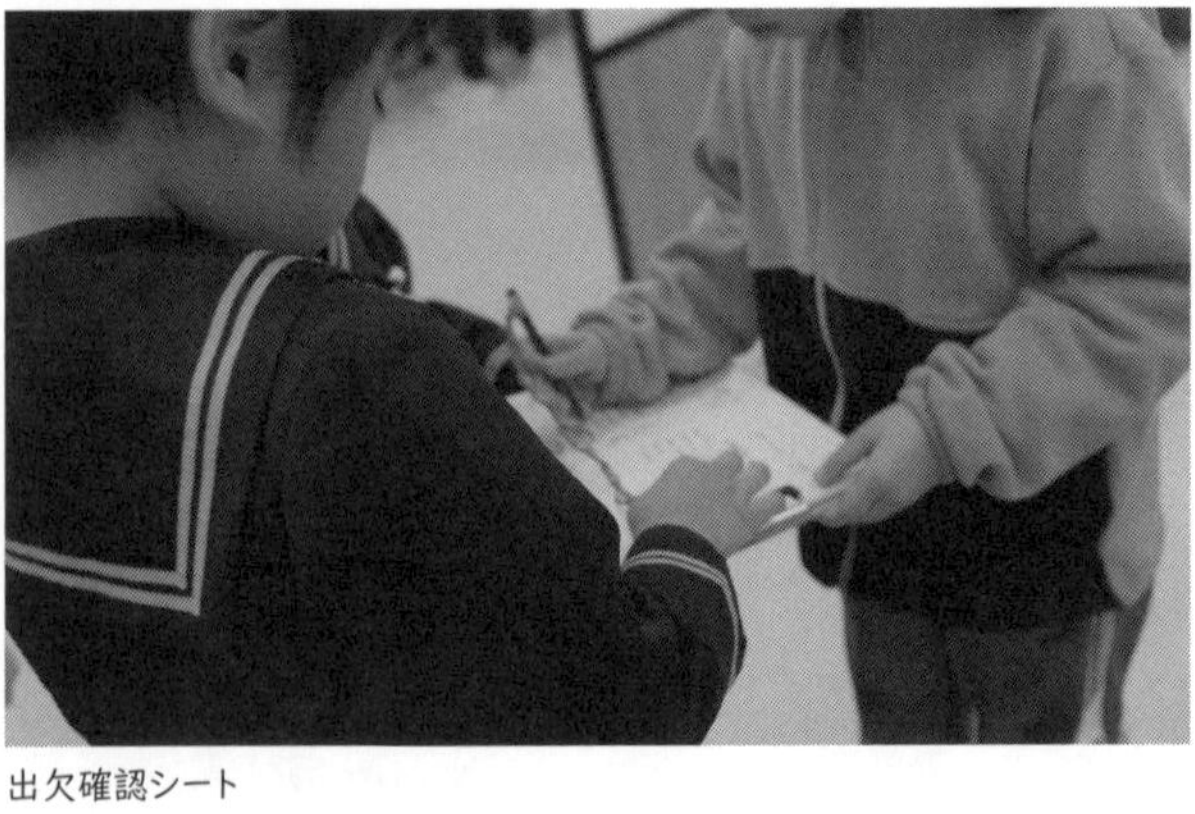

出欠確認シート

を図り、自分の気持ちをたてなおしてから再チャレンジします。

ちなみに、どの学年のＡＳＤ児も、毎月の「誕生会」はペアクラスでおこないます。この交流を基盤としつつ、一人ひとり成長の様子を見極めて交流の方法や頻度を判断し、さらに通常クラスでできることを増やしていきます。

また、通常クラスが園児同士だけでなく保護者にとっても「自分

図1　交流のバリエーションについて

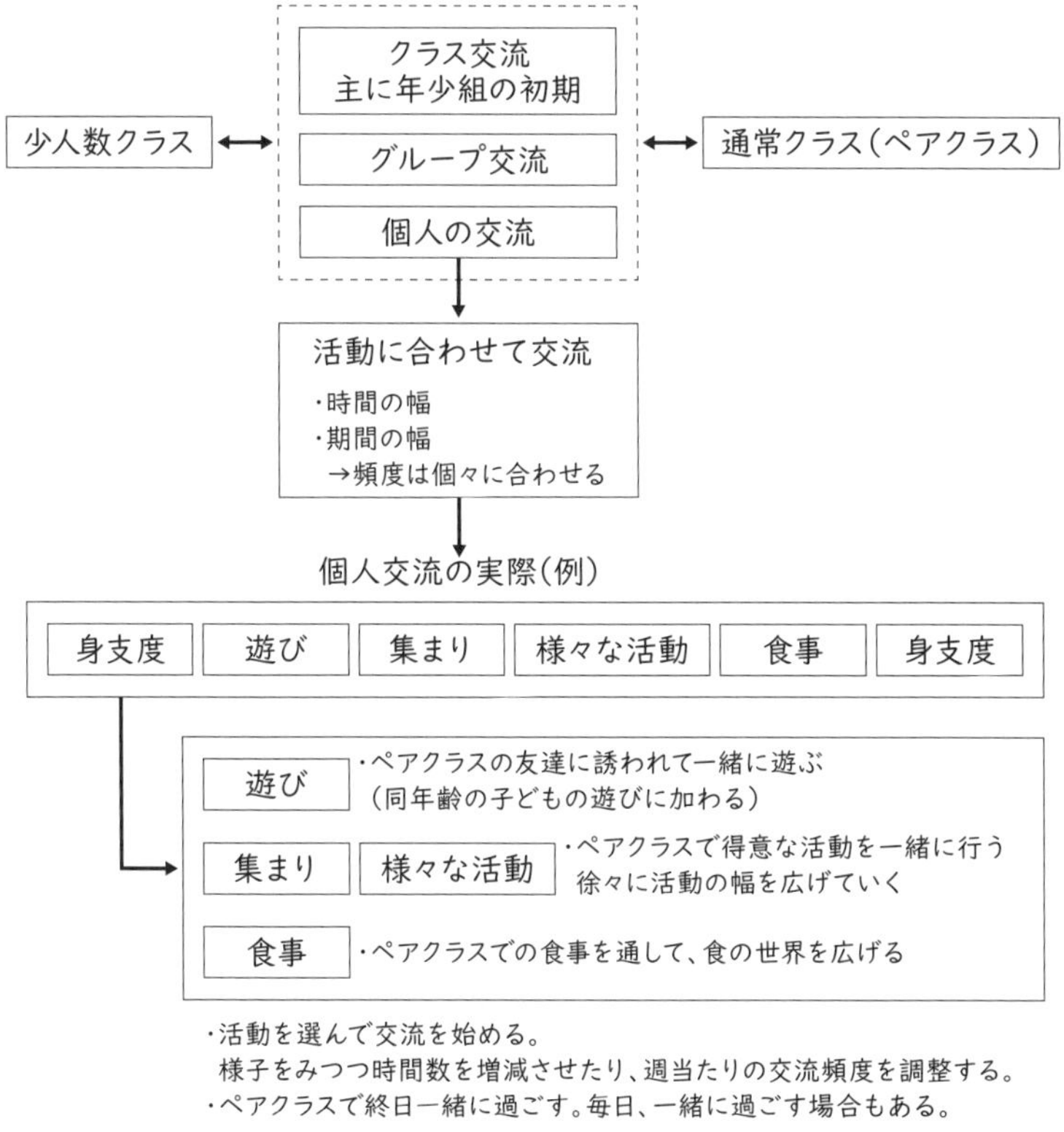

のもの」と感じられるよう、保護者も通常クラスの保護者会に参加いただく機会を設け、コミュニケーションをとっていただきます。

通常クラスの子どもたちへの「注意事項」は特段必要としない

本園では通常クラスも少人数クラスも、一年ごとにクラス替えをおこないます。必然的に、交流先のクラスも変わることになります。

よく、視察にきた人から「交流の際、受け入れる側の通常クラスの子に、どんな注意事項を伝えているのか」と聞かれます。結論から言えば、一切何も伝えていません。理由は、交流にくる子を色眼鏡で見てほしくないからです。

交流している中でASD児がポツンと一人、取り残されてしまうような場合には、保育者が支援することもありますが、年中・年長になると交流自体がとても当たり前で自然なものとなっていくので、「少人数クラスからきてくれた私の友達であり、自分のクラスの一員でもある」との理解のもとで、周囲の子どもが気付いて声を掛けるようになります。大切なのは、子どもが指示されて交流するのではなく、子ども自身が主体的にかかわりあうことであり、保育者はそのための環境づくりに徹するようにしているのです。

行事での交流を通じて、ASD児は大きく成長する

ASD児と通常クラスの子との交流は、さまざまな行事においてもおこなわれます。節目ごとの行事はASD児が参加することを前提として設計しており、園の誰もが行事のムードを楽しみながら生活を送ります。これにより、子どもたちの園生活にも起伏やメリハリが出て、成長を引き出すことができるのです。

年度の最初の大きな行事は、5月に開催される運動会です。全学年・全クラスの園児約500名が参加し、系列校である武蔵野東小学校の校庭を使っておこないます。

ASD児は交流先の通常クラスに交じって競技などに参加します。第1章でも紹介したように、クラス対抗リレーでは通常クラスの子がASD児と力を合わせて、優勝を目指します。その他の競技も、ときに通常クラスの子がASD児を支えるなどしながら進んでいきます。

もちろん、ASD児が途中で座り込んでしまうこともあります。子どもたちは練習段階からそうした事態も想定し、「どうすれば、〇〇ちゃんが走ってくれるかな?」と前向きに考え、作戦を練ります。

7月には、年中クラスで「きらきらまつり」というアクティビティ体験を園内で実施。年長クラスでは、より規模を大きくした「サマーアドベンチャーツアー」という行事を実施し

ます。ゲームや出し物などで盛り上がり、ＡＳＤ児は通常クラスの友達と同じグループになって参加します。

９月には「親子遠足」があります。年中・年長はクラスの交流行事として位置づけていて、ＡＳＤ児はペアクラスに交ざりながら移動し、現地でさまざまなアクティビティに参加します。

11月には、園で最大の行事の一つで造形作品展でもある「園まつり」がおこなわれます。子どもたちは２カ月ほどかけて作品づくりに取り組み、そこにＡＳＤ児も加わります。当然、第１章でも紹介したような「想定外」が連発しますが、私たち教員は必要以上に介入せず、じっと見守ります。結果として、展示作品は、脈絡が見出しにくいものとなる場合もあります。当日には、その背景の説明も保育者が掲示するようにしていますが、保護者には事前に対面での保護者会や動画配信を含めて、それぞれの作品ができるまでの子どもの試行錯誤や友達と相談してきたプロセスや学びをお伝えしておきます。これ

年中・年長の「親子遠足」では、
ASD児が通常クラスに交わる形で行われる

により、展示作品に込められた子どもたちの思いが可視化され、単なる見栄えではない、子どもの豊かな学びの世界に保護者も入り込むことができるようになります。

年度末の2月には「発表会」があります。この行事では、通常クラスと少人数クラスがそれぞれ発表をおこないますが、中にはペアクラスの発表に加わるASD児もいます。発表は各クラスで「身体」と「音楽」の二つの表現をおこないます。少人数クラスとペアクラスでそれぞれ二つの発表に参加して、他の子どもよりも出番が多くなるASD児もいます。

行事において重視していることが三つあります。一つは、先述したように「結果」よりも「プロセス」を重視すること。展示物や発表の見栄えは気にせず、「子どもの成長」に重点を置いて進めるようにしています。

二つ目は、「子どもの成長」を可視化することです。保護者は行事当日のわが子の姿しか見ることができません。その日に目の前で見たことを評価し、「速く走れたね」「上手にできたね」と、どうしても表面的な声掛けになりがちです。しかし、行事に至るまでのプロセスが可視化されることで、造形展なら作品の出来栄えではなく、わが子が作品に込めた意図を理解することができるようになります。そうしたストーリーが伝わると、保護者はわが子をより一層愛おしく思えるようになるでしょう。

三つ目は、行事を行事で終わらせず、いつもの日常の保育につなげることです。そのため、行事の後には振り返りの会をおこなったり、写真を展示したりして、子どもたちに楽しかった出来事を繰り返し追体験できるようにします。行事を振り返り、楽しく再現し、保育者や友達からの肯定的なフィードバックを受け止める。これが、自己肯定感を高め、前向きな園生活にもつながります。少人数クラスも通常クラスも、同じ考えでこのような取り組みをしています。

少人数クラスの保育室は、園庭のすぐそばに配置

続いて、子どもたちが過ごす保育室とその周辺環境を紹介します。先述したように、少人数クラスの子どもたちは現在、全学年が第二幼稚園で過ごしています。このうち年少さんと年中さんは、園庭に面した場所に保育室があります。

年少クラスと年中クラスの具体的な配置は、次頁の図2の通りです。両学年とも2グループに分かれているため、計4つの部屋があります。ただし、グループとグループの間はパーティションがあるだけで、一つの部屋にすることも可能です。

なお、図には入っていませんが、年長さんの保育室も年少・年中のすぐ近くにあり、同じくグループごとにパーティションで区切られています。

少人数クラスの保育室を、園庭のすぐそばに配置する理由は大きく三つあります。まず、園庭から直接保育室に入れるアプローチを用意して、靴や上履きの脱ぎ履きをやりやすくできます。ASD児たちは、登園後、日々のルーティンの行為を通しながら「今日も幼稚園にきたんだ」という気持ちになっていきますので、下足などがスムーズにできることが大切です。二つ目は、子どもたちが園庭にすぐに出られるということです。廊下など長い動線を移動することなく、保育室からすぐに遊びに出られることで、気持ちをすぐ転換することができます。また、地震や火災などが起きたときすぐに避難がしやすいという利点もあります。

三つめは、園庭から、ガラス張りの少人数クラスの中の様子が見えるということが挙げられます。園庭で遊んでいる通常クラスの子が、少人数クラスの様子を見にきて、「一緒に遊ぼう」と声を掛

図2　保育室とその周辺環境

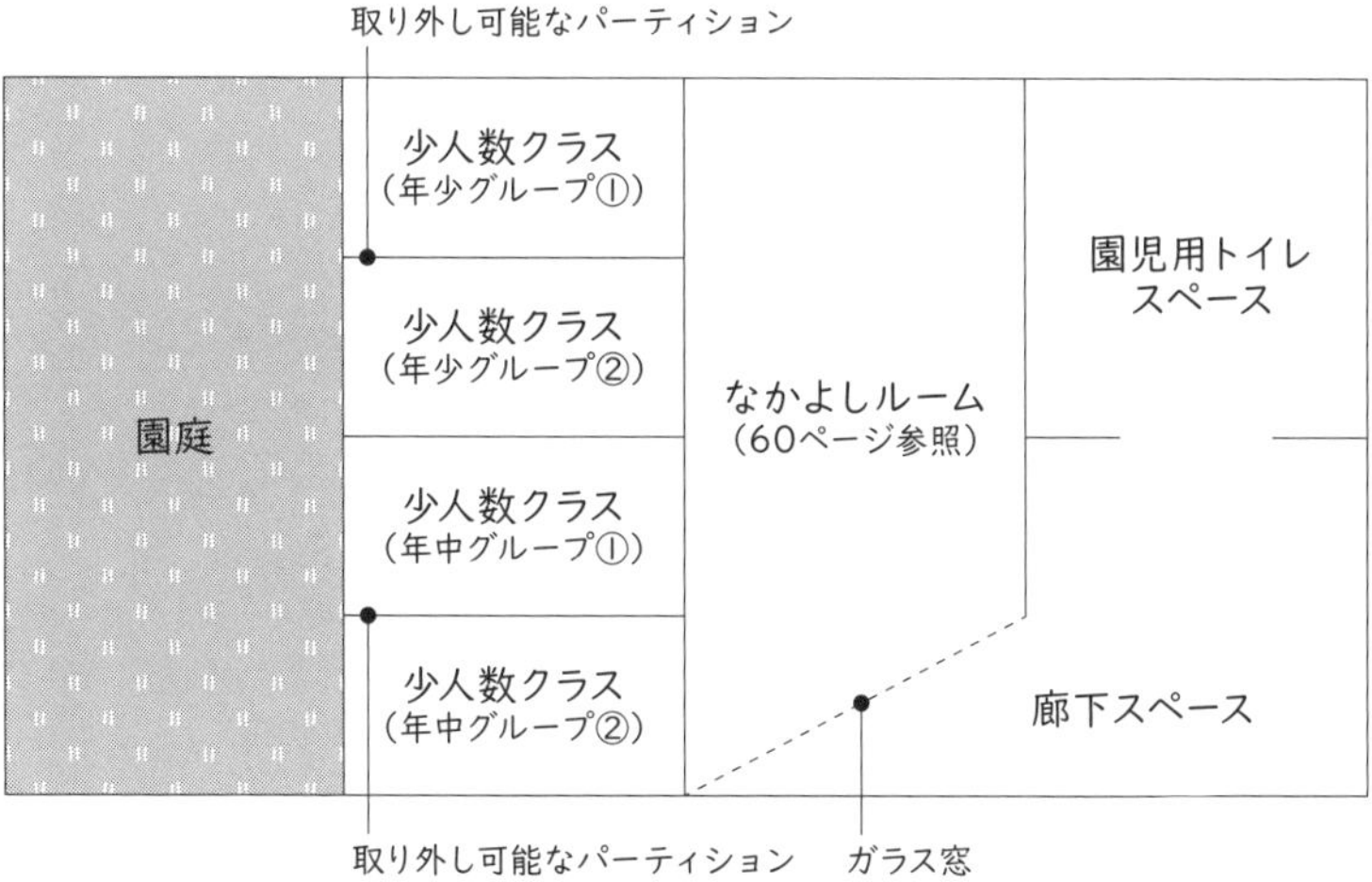

けることもあります。また、ASD児にとっても、園庭が見えることは興味・関心を広げるきっかけになります。

もちろん、室内で活動をする際は、園庭が見えると気が散ることもあります。そのため、必要に応じてレースのカーテンをかけて集中しやすい環境に変化させることもできます。

なお、少人数クラスから園庭に出るドアは、保育中は施錠することはありません。子どもが出ていってしまうことを心配して、鍵をかけておく施設もあると聞きます。施錠した空間で子どもの行動を大人が「管理」しても、子どもに育ちはありません。大切なのは開放された場であっても、今、ここで楽しむことができるようになること。そのために自己をコントロールできる力を養うことなのだと考えます。

ASD児と通常クラスの子どもの「接点」となる「なかよしルーム」

少人数クラスの学級の前には、「なかよしルーム」があります。いわゆるフリースペースのような場所です。通常クラスの子が行き交う廊下と、少人数クラスの学級の間にこの空間があることで、ASD児たちの心理的安全性が保たれます。

「なかよしルーム」と廊下の間は、ガラス張りになっています。そのため、園庭・少人数クラスの間と同様に、ここでも通常クラスの子たちとの接点が生まれます。本園では、自分で素材を利用して遊ぶことを基本としており、いわゆる「玩具」は置いていません。しかし、「なかよしルーム」だけは例外で、あえて子どもが興味をもつドミノやプラレールなどのおもちゃを廊下からも見えるように置いてあります。子どもたちの交流のきっかけを生むためで、通常クラスの子が遊びだし、その遊びにＡＳＤ児も加わっていくような光景がよく見られます。

そうした自然に発生した交流が、「なかよしルーム」という心理的に安定できる場でおこなわれることで、少人数クラスの子どもたちは遊びを通じて人と関わる体験を得ていきます。こうした基礎的環境整備も、本園が進める「混合教育」の欠かせない要素と言えるでしょう。

なお、トイレは少人数クラスの年少・年中の教室に近い場所に設置しています。ＡＳＤ児の中には、トイレが苦手な子どもや排せつの意思表示ができない子どもも少なくありません。そのため、できるだけ近い場所にトイレを設置し、繰

廊下から「なかよしルーム」を見た様子

り返し練習を重ねることで、排せつがうまくできるようにしています。

全ての教員が、少人数クラスを担当する

続いて、「混合教育」を推進する上での組織体制、保育者の配置について解説します。

まず、本園の通常クラスの人数は、年少では22〜24人程度。年中・年長では25〜28名程度のクラスを編成しています。二つの幼稚園を合わせて、年少が6クラス。年中、年長が5クラスで編成しています。各クラスには1名ずつ担任がつき、その他に、フリー(担任をもたない)の保育者のチームが全体をカバーしています。

ASD児が在籍する少人数クラスは、年少・年中・年長とも2グループに分かれていて、各グループに担任と補助の保育者がつきます。つまり、各学年に4名ずつ教員が配置されることになります。今年度、年長クラスには26人が在籍していますので、1グループは13人です。

一般的な幼稚園では、通常クラスのASD児1〜2人に対し補助者一人を配置して支援するケースがよく見られます。13人のASD児を担任と補助教員の2名で見て、必要に応じてさまざまなフォローをしていくのは、特別支援教育の現場を少しご存知の方ならば、「無謀」

と感じられることもあるかもしれません。

なぜこんな体制がとれるのかといえば、本園はＡＳＤ児を必ずしも「手がかかる」とはみなしていないためです。ＡＳＤ児２人に対して補助者１人という配置は、ＡＳＤ児が混乱するという前提があるためではないでしょうか。確かに、混乱するときや「やりたくない」と動かなくなることもあります。しかし、環境さえ調整されていれば、ＡＳＤ児は集団の中で、穏やかに楽しむことができるのです。この姿は、いくら言ってもなかなか伝わらず、実際の子どもたちの様子を見ていただくしかありません。ぜひ、本園を見学してもらいたいです。


総じて、保育者の配置について考えるとき、その尺度は子どもに比しての人数だけで決めるものではないと思います。インクルーシブ教育システムとしてのポイントは、大きく二つあります。

一つは、保育者がキャリアを通じて通常クラスと少人数クラスの両方を担当することです。たとえ、「自分は障害児教育を学んできたから、少人数クラスだけを担任したい」という教員がいたとしても、本園では通常クラスの担任としての経験をしてもらいます。もちろんその逆も然りで、通常クラスを希望する教員にも少人数クラスの担任を経験させます。理由は、そうしなければ真の「混合教育」は実践できないからです。

もし、何年にもわたり少人数クラスを担任し続ければ、ＡＳＤについての専門性は高まるでしょう。しかし、通常クラスの担任経験がないと、交流活動を進める際の支援の在り方や通常クラスでの学級経営的な視点が欠落してしまいます。逆に、通常クラスばかりを担任すれば、知識でしかＡＳＤ児のことを理解できず、適切な支援ができなくなります。

本来、通常クラスも特別支援も「包括」するのが「インクルーシブ教育」なわけです。そして、子どもたちの個性は一人ひとりまったく異なり、まさにスペクトラム（境界があいまいなで連続すること）です。そんな子どもたちを成長させるには、通常クラスと特別支援教育の両方の視点をもちあわせ、園の現場にいる保育者全員でその融合を考えていく営みが必要になるのだと、私は思うのです。

余談ですが、現在の公立小中学校では、特別支援学級を受け持ったことがない教員も少なくありません。一部では特別支援学級は、「メインストリーム」から外れた存在と見なされるという話を聞くこともあります。学校教育を通じて共生社会を創造する上で、そうした教員配置が望ましいはずがありません。この点は、小中学校の特別支援教育における大きな課題と言えるでしょう。

本園には、「少人数クラスはもちたくありません」などと主張する保育者はいません。もちろん、本音として、もってみたい学年やクラスはあるかもしれません。しかし、武蔵野東の保育者はインクルーシブ教育を通じて、すべての子どもたちを成長させ、よりよい社会をつくりたいという意識をもった保育者ですし、ＡＳＤ児のかわいらしさも実感していることから、「クラス担任はどこを任されても前向きに取り組むもの」という考え方が、職場の文化として浸透しています。これは「混合教育」を推進していく上で、前提となる基盤だと考えています。

日々のコミュニケーションとケース会議で専門性とスキルを高める

保育者の配置のもう一つのポイントは、原則として若手とベテランがペアになるようにすることです。本園では、若手が担任を受け持ち、ベテランが補助役を務めます。活力のある若手がクラス全体をけん引し、経験豊富なベテランが要所を締めながらサポートするという構図です。学年などのチームにおいても、若手とベテランが組み合わさるように工夫します。

ＡＳＤ児の教育に関する専門性は、日々の業務を通じて磨かれていきます。いわゆるＯＪＴ（On the Job Training）です。当たり前のことですが、いくら座学で専門的な知識を得ていても、現場での経験がなければ「絵に描いた餅」で終わってしまいます。

ＯＪＴにおいて何より重要なのは、教員間のコミュニケーションです。予見できなかった行動、トラブルなどを起こした際にどう対応するかは、経験豊富なベテランが助言をすることで、若手の成長は加速します。もちろん、若手のフレッシュな視点にベテランが学ぶこともあります。大切なのは、相互の見方・考え方を共有し合うことであり、そのためには職場のコミュニケーション量が潤沢である必要があります。

幸い、本園では教員同士が気さくに会話を交わし合う文化が定着しています。日々、多様な業務で忙しい保育者ですから、掃除をしながら意見交換するなど、オンザフライミーティングなども頻繁におこなわれています。若手が相談しやすい職場づくりは、業界・業種を問わず、仕事の質を高めるのに役立つはずです。

一方で、OFF－JT（Off The Job Training）もしっかりとおこないます。図3は、本園の会議の持ち方を表したものです。

まず、「年少」「年中」「年長」の学年ごとのケース会議（子どもを支援するために関係者が情報共有する会議）は、原則として毎日おこないま

図3　本園のケース会議

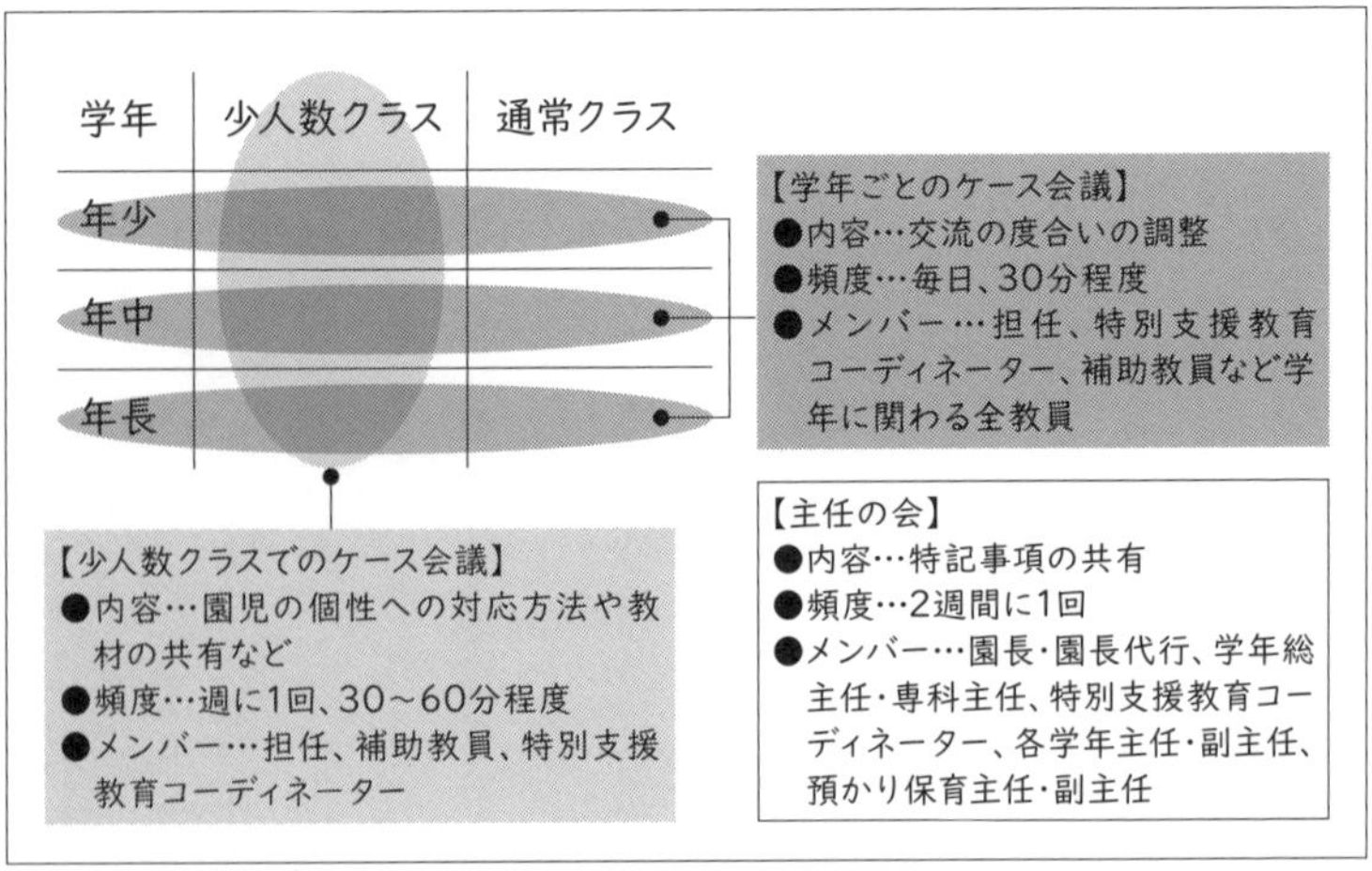
学年
少人数クラス
通常クラス
年少
年中
年長
【学年ごとのケース会議】
●内容…交流の度合いの調整
●頻度…毎日、30分程度
●メンバー…担任、特別支援教育コーディネーター、補助教員など学年に関わる全教員
【少人数クラスでのケース会議】
●内容…園児の個性への対応方法や教材の共有など
●頻度…週に1回、30～60分程度
●メンバー…担任、補助教員、特別支援教育コーディネーター
【主任の会】
●内容…特記事項の共有
●頻度…2週間に1回
●メンバー…園長・園長代行、学年総主任・専科主任、特別支援教育コーディネーター、各学年主任・副主任、預かり保育主任・副主任

す。時間は30分以内で実施するように努めています。参加するのは、通常クラスの担任と、少人数クラスの担任、補助保育者、場合によって統括主任も参加します。また、この会議体は園内研修の役割も担っており、学年毎の発達に即した幼児理解なども、画像を通しながら深めています。

少人数クラスは全学年を集めたケース会議を週に1回おこないます。参加するのは、各学年の少人数クラスの担任と補助の保育者、主任、統括などです。週に1回程度30分を目安にして、園児の個性への対応方法、教材などについて話し合いをおこないます。

この他、学園全体での研修会も年に6回ほど実施しています。内容は有識者の講演、最新のASD関連の情報提供、意見交換などです。さらには、ASDやてんかんについての研修も年に各1回ずつおこなっています。

このように、日々のOJTを通じてスキルを磨き、恒常的なケース会議を通じて指導・支援の在り方を調整・確認し、年に数回の研修会を通じて専門性を高めるという流れで、本園の教員はスキルを高めているのです。

教員を孤立させない組織体制

そうした保育や交流を支えるのが、図4の下側にいる専門教科の教員、養護教諭、補助の教員です。専門教科の教員は、「体育」「音楽」が各学年1名ずついて6名、「ダンス」が1名で計7名です。養護教諭は第一幼稚園・第二幼稚園に1名ずつ計2名、補助の教員は各園に2名ずつ計4名がいます（通常クラスの担当・預かり保育の業務も一部含む）。

ここで重要となってくるのが、やはり少人数クラスの担任と通常クラスの担任との間の意思疎通です。互いの子どもたちの状況を把握しながら、交流の時間・内容などを決めていきます。ここでの情報共有がうまく図られれば、交流はスムーズに進みます。

とはいえ、交流の際は実にさまざまなことが起きます。部屋に入りたがらない子もいれば、突然泣き出す子もいます。そうした場合に縁の下の支えとなるのが、プラスアルファで配置されている補助の教員です。状況を見ながら何かあれば素早く対応し、ASD児の成長を引き出すように支援をします。

そして、そうした「混合教育」を俯瞰的な立場

図4　「混合教育」を包括する支援体制

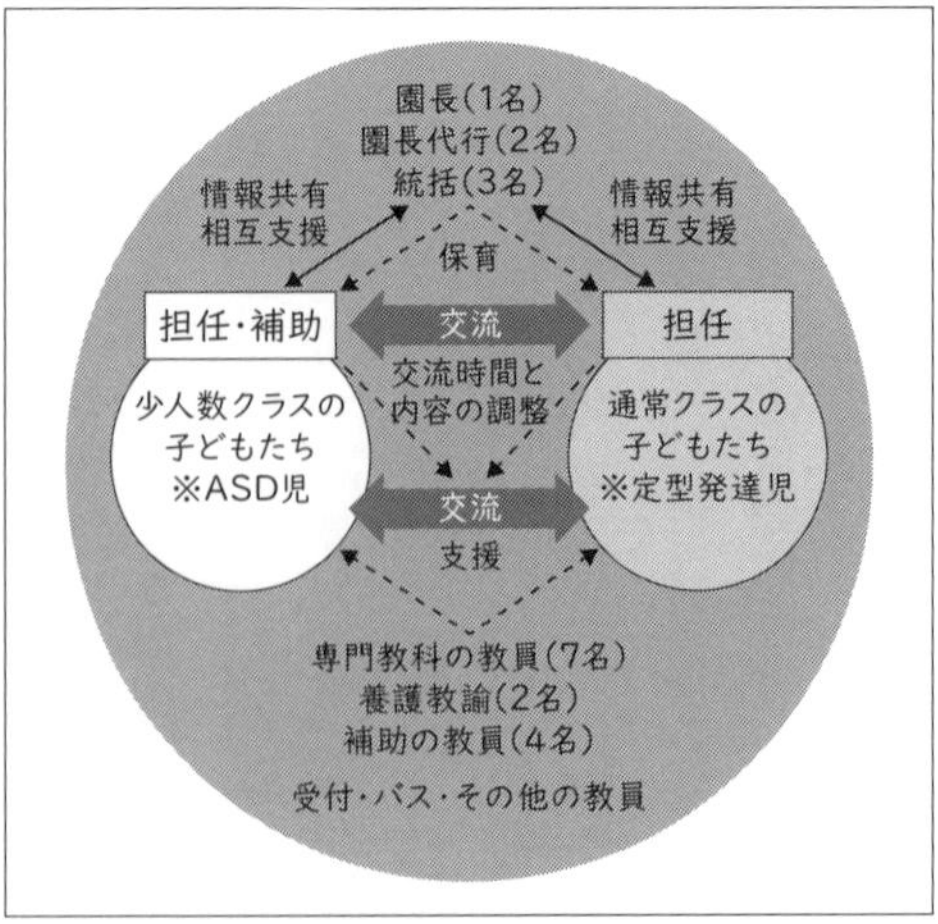

からマネジメントするのが、図の上部にいる管理職です。園長の他に2名の園長代行、3名の統括がいます。統括は「総主任」が1名、「特別支援教育担当」が1名、「未就学・預かり保育担当」が1名という体制です。

なお、一般的な「特別支援教育コーディネーター」に当たるのが、統括の「特別支援教育担当」の保育者です。文部科学省の調査によると、特別支援教育コーディネーターを指名する幼稚園は全体の61・9%に上ります（「平成30年度 特別支援教育に関する調査」）。以前にくらべればかなり指名が進んできましたが、実際には副園長や主幹、主任などが兼任しているケースがほとんどです。本園のように、専任の特別支援教育コーディネーターを配置している幼稚園は、全国的に見ても珍しいでしょう。本園が「混合教育」に本腰を入れて取り組んでいることの証しともいえます。

組織運営において気をつけているのは、担任を孤立させないことです。ASD児の保育には多くの場面で難しさがあり、思い通りにいかないことも多々あります。また、小さなトラブルから保護者との間にミスコミュニケーションが生じて、関係が難しくなることもあります。そうした際、教員がトラブルを一人で抱え込んでしまわないよう、情報共有を図りながら「チーム」として対応するようにしています。ASD児への対応に限らず、子どもたちへの支援において複数の目が入ることは、教育・保育の質を高めることにもなります。

ちなみに、本園には20代から50代までの男女の保育者が幅広い年齢層で在籍しています。そうした多様なキャリア、多様な職種の保育者が、それぞれの視点で子どもたちを多角的に見ることも、本園の「混合教育」を基軸とした組織体制の特徴の一つです。

入園前後の保護者への説明は、丁寧かつ入念に

本園が実践する「混合教育」や「生活療法」は、とても特徴的な取り組みです。多くの保護者はそのことを理解した上で入園してきますが、小さな誤解やボタンの掛け違いからトラブルに発展する可能性は十分にあります。それだけに、保護者への説明は通常クラスの方にも少人数クラスを希望する保護者にも丁寧かつ入念におこなっています。

少人数クラスの入園募集説明会はもちろんですが、通常クラスの入園募集説明会においても、本園の「混合教育」の理念やシステムなどを詳しく説明します。かつては、「かわいそうな子どものための教育」とも言われた実践が、今やVUCA《ブーカ》の時代を生きる子どもたちのための最先端の幼児教育となっていることをしっかりと伝えています。通常クラスの保護者にも「混合教育」をどう思うかについてインタビューもしています。初めての子育てで今が精一杯の保護者に急にASD児の理解までは求められませんが、共生社会を生きる子どもたち

に大切な教育ということが理解いただくことができれば、一緒に入園されるASD児の保護者はどれだけ安心できるでしょう。これも本園における「基礎的環境整備」の一つになっていると思います。

また、就園前のASD児の母親に向けて、「先輩ママとのおしゃべり会」という催しを不定期で開催しています。ここでは、本園に在籍するASD児の母親や定型発達児の母親から、子どもが本園でどんな生活を送っているかを語ってもらいます。本園に入園希望か否かは関係なく、どんな方でも参加できる催しです。就園前のASD児をもつ母親は、とかく地域から孤立しがちで、先行き不透明な将来に大きな不安を抱えています。そのため、この会に参加した保護者の中には、同じ境遇の先輩ママとの交流を通じ、「今まで、こんなに安心できる場はなかった」などと話す人もいます。

定型発達児の保護者に説明すること

入園式の約1週間前には「教育方針説明会」を開催し、本園の教育方針や教育内容、クラス編成、交流の仕組み、子どもが実際にどんな園生活を送っているのかなどを丁寧に説明します。また、成長の節目ごとに保護者会などを開催し、その折には通常クラスの保護者には、二つのことを説明します。

一つは、ＡＳＤ児の特性についてです。ＡＳＤ児は、ときに想定外の行動を起こし、周囲の子に迷惑をかけてしまうこともあります。その具体例などを事前に説明することで、園生活での小さなトラブルについてもある程度のイメージをもって理解いただけるようにしています。

もう一つは、そうした特性があるからといって「ＡＳＤ児を特別扱いしない」ことについてです。本園では通常クラスの子どもたちに、「少人数クラスの子がきたときは、やさしくしてあげてね」などとは伝えていません。一切の先入観なく、一人の子どもとしてフラットに接してほしいと考えているからです。そのため、保護者の方にもそうしたスタンスでいてほしいと伝えています。

事前レクチャーが一切ないことから、ＡＳＤ児が想定外の行動を起こした際、通常クラスの子は「なぜ、この子は泣きだしたんだろう？」「なぜ、この子はぴょんぴょんと跳ね回っているんだろう？」などと思うこともあるでしょう。でも、身近な「なんで？」という問いに、子どもは子どもなりの解釈をしつつ受け止めていきます。ごく自然な形で「世の中いろいろな特性をもつ人がいること」を理解することができます。

入園後は、年13回のASD児の保護者への研修会を開催

次にASD児の保護者との連携について説明します。ASD児の成長は、家庭生活によっても大きく変わってきます。幼稚園ではある程度の自己コントロールができていても、家庭に戻ればやりたい放題（外で頑張り、家で甘えるという構造を越えて、家で保護者自身もわが子を統制できなくなる状況）……ということでは、意味がありません。そのため、入学後から保護者としっかりと強く連携して、保育について適切な情報を提供していくようにしています。

一例として、毎年6月に保護者を対象とした「体験保育」について紹介します。約1時間程度、「音楽」と「体操」の活動に保育者の立場になってロールプレイしていただく研修会です。

ASD児の保護者の中には、わが子との接し方で悩む人も少なくありません。思い通りに動いてくれない子どもに、つい声を荒げてしまう人もいます。ASD児への対応は非常に難しく、専門的な知見やスキルをもった保育者ならともかく、初めて親となって対応するのは本当に大変だと思います。だからこそ、親の立場だけでなく、保育者の距離感や接し方を体験することで、子どもとの向き合い方のバリエーションを得ることができるのです。「体験保育」で本園の教員が子どもに接する様子を見て、「前を向いてくれないときは、こうしたらよかったんですね」などと話す保護者がいます。また、他の保護者の子どもへの接し方を見て、

「ああすればよかったんだ」などと学ぶ人もいます。

この「体験保育」を含め、ＡＳＤ児の保護者を対象とした研修会は、年に13回開催しています。本園の「生活療法」や「混合教育」について詳しく説明することもあれば、大きな行事の前に必要な準備や支援についてレクチャーすることもあります。また、系列校の小学校に進学を希望する保護者向けに、今後取り組んでいくべきことなどを伝えています。

これら年13回にわたる研修会の中では、園からの一方通行の講義形式ではなく、参加型のワークショップ形式も取り入れています。こちらが提示したテーマについて、４～５人の保護者がグループ単位で意見やアイデアを付箋に書き、模造紙に貼っていくようなスタイルです。保護者が園という場で、自分を振り返り、それを互いに整理してアウトプットすることで、さまざまな気づきをもたらします。同時に、私たち幼稚園側が新たな知見を得ることにもつながります。

保護者の不安や葛藤を少しでも和らげ、冷静に対処できるようにすることも、ＡＳＤ児の成長という観点から非常に重要です。そのため、研修では折に触れて具体的な行動・トラブルの例など今後の見通しを示しながら、「今はこういう時期です。焦らずに、コツコツとやっていきましょう」などと伝え、安心感をもってもらえるようにしています。

不安な保護者を孤立させない

先述したように、ASD児の保護者は将来に大きな不安を抱いています。加えて、周囲の保護者とは子育てに関する情報も共有しづらく、周囲から孤立しがちです。そうした状況も踏まえ、本園では保護者間の交流促進にも力を入れています。

研修会をワークショップ形式で実施している理由の一つも、保護者同士の親交を深めることにあります。ワークショップでは学年混成でチームを組むことも多く、年長組の保護者が年少組の保護者にアドバイスをすることも珍しくありません。２０２３年度の最終の研修会では、「我が子の育ちを見つめる」をテーマにしたワークショップを開催しましたが、互いの頑張りを称え合うアクティビティを通じ、多くの保護者が勇気と活力を得たと話していました。

ＡＳＤ児の保護者同士の交流を促すことで、保護者

保護者向けの研修会

サークルによる全保護者を対象とした研修会・ワークショップも、毎年企画・実施されるようにもなりました。

ところで、「保護者」と聞くと多くの人は母親を思い浮かべます。しかし、本園の保護者向け研修会では父親も数多く参加します。少人数クラスの保護者向けの研修会には、特に多くの父親の姿が見受けられます。

ＡＳＤ児の保育は、母親が一人で担うにはあまりにも重すぎます。そのため、本園からも折に触れて、父親の育児参加の重要性を訴えています。その甲斐もあって、先述した「体験保育」でも熱心に取り組む父親の姿が見られます。

父親たちで構成されるサークル「ＬＥＴ’Ｓ」もあります。「ＬＥＴ’Ｓ」とは「ＬｏｖｅｌｙＥａｓｔＴｏｓａｎ’ｓ（武蔵野東を愛するお父さんたち）」の略で、いわゆる「おやじの会」的な活動をおこなっています。

「体験保育」に参加する父親たち

サークルの一つ「元気カフェ」が発行する広報誌「げんきタイムズ」

余談ですが、本園の研修会に参加する保護者の中には、民間企業の第一線で活躍する人も少なくありません。ワークショップでの発表では卓越したプレゼンを披露される方も多く、私たち教職員も大いに学ばせてもらっています。

「快適空間」「背伸び空間」「混乱空間」

本園を視察で訪れた人の中には、ＡＳＤ児たちの姿を見て、「本当にＡＳＤ児ですか？」「障害の軽い子だけを受け入れているんじゃないですか？」などと聞く人がいます。繰り返しになりますが、決して軽度の子ばかりが入園しているわけではありません。さらに言えば、ＡＳＤ児でもＩＱの高い子は上手に話したりできるので、保護者同士の中でうらやましがられることもあるのですが、実際には自分のこだわりを言葉で表現していてコミュニケーションが難しく、ご両親が苦しんでいることも多いのです。高ＩＱや軽度のＡＳ

手をつなぎ、列をつくって行動する少人数クラスのこどもたち

D児にもその子なりの対応の難しさがあるのです。

視察をされる方の中には、本園のASD児が子ども集団の中にあっても安定して過ごしている様子を見て、何か特別な扱いをしているのではないか。例えば人には見えないような部屋があって、行動を統制するよう厳しい「訓練」と「矯正」を施しているのではないか……と推察して質問される方もいましたが、もちろん、この見解も完全に的外れです。本園は園としても開かれた明るい空間であり、保育実践も子どもの主体性を重視した生活を積み重ねる中で、子どもが自分自身で自分をコントロールできるように育てています。

私がよく説明に用いている言葉に、「快適空間」「背伸び空間」「混乱空間」というものがあります。「玉川大学学術研究所・心の教育実践センター」の難波克己先生が、「学びとリスク」という概念において用いている言葉です（図5）。

本園でいえば、少人数クラスという「快適空間」があるからこそ、ASD児は自分のペースでじっくりと育ち、自己肯定感を高めることができます。逆に、いきなり通常クラスの環境に入ると情報量に圧

図5　ASD児の学びの空間

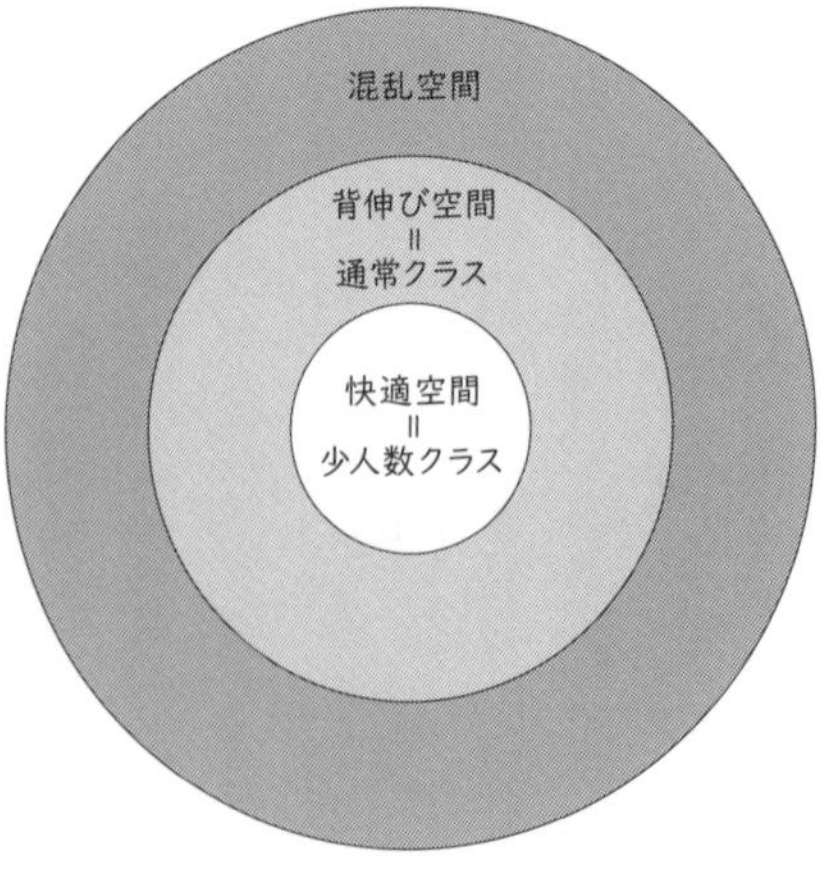

倒され、パニックを起こし、その子にとっては「混乱空間」となります。そのため、少人数クラスで一歩ずつ生活の土台を築いた上で、通常クラスとの交流などを通じて新しいことに挑戦する「背伸び空間」が必要となってくるのです。

とはいえ、本園の「混合教育」は、「快適空間」「背伸び空間」「混乱空間」という概念が示されるよりも、はるか以前から実践されてきました。その意味ではこの説明は「後付け」にすぎません。では、ASD児のみでクラス編成することについて、何かしらの学術的根拠があったのかと問われれば、「なかった」と言うしかありません。

本園の創立者である北原キヨの保育実践によって、多くのASD児を受け入れるようになって以来、さまざまな試行錯誤を重ねる中で、ASD児のみを集めてグループを組んでみた。すると、不思議なことに一人ひとりが目を見張るような成長を見せ、生活面での改善が見られた。そして、定型発達児との交流もスムーズにできるようになり、より大きな成長を引き出すことができた。これこそが、本園の「混合教育」の原点です。

「滑走路」から飛び立つ子どもたち

本園の「混合教育」について、発達心理学的な観点からエビデンスを求めるのは、難しいものがあります。実際に「なぜうまくいっているのか、理論的に説明するのは難しい」と、多くの専門家が言います。

唯一のエビデンスは、生き生きと活動する子どもたちです。そうした姿を見てきたからこそ60年もの長きにわたり、迷うことなく少人数クラスを土台とした「混合教育」を実践してこられたともいえます。

以前、ある研究者の方が本園の少人数クラスを「飛行機の滑走路」に例えておられました。少人数クラスは、交流活動をするための「助走」をする場というご指摘で、的を射た表現だなと思いました。

現在では多くの専門家から高く評価いただいている本園ですが、そうした地位を得るまでには長い月日がかかりました。それは、創立者の北原キヨが現場の一教員にすぎなかったことと無関係ではないでしょう。学術研究の物差しから見れば、本園の「混合教育」は異端児的な存在だったともいえます。かつては学術的な見地から、ご批判をいただくことも珍しくありませんでした。

しかし、時代が変わり、教育界で「インクルーシブ教育」が叫ばれるようになってから、本園の「混合教育」にもスポットが当たるようになりました。2013年度からは3年間、文部科学省の「インクルーシブ教育システム構築モデル事業」の研究指定校にもなりました。

現在は、全国各地から多くの関係者が訪れ、２０２２年には当時の文部科学大臣が視察にきました。

「インクルーシブ教育」の到来とともに、本園の「混合教育」も日の目を見るようになってきました。

一方で、現在全国の小中学校でおこなわれている特別支援教育に対しては、少なからず課題も感じています。この点は後の章で詳しく述べますが、インクルーシブな共生社会を構築していく上でも、本園の実践をより多くの人に知ってもらいたいと考えています。

特別コラム1

武蔵野東幼稚園と著者の取り組みをよく知る教育学者の秋田喜代美先生に、本園を第三者の立場からどう見ているのか、ご寄稿いただきました。

武蔵野東第一・第二幼稚園にみる保育の足跡が生み出す未来
―共に生き共に育ちあう保育の心もち―

秋田喜代美（学習院大学教授）

新聞に加藤先生の笑顔が掲載されているではありませんか（※編集部註：2023年7月11日付朝日新聞朝刊における著者の取材記事。当該写真は本書帯参照）。日頃の加藤先生のお人柄と笑顔がそのまま映し出されている写真とインクルーシブな社会を作る保育の姿を語る紙面に私は魅き込まれました。その写真は日頃からの園での園長先生と保育者、子どもの関係がそのままの瞬間を切り取ったようでありました。私は加藤園長先生をずいぶん前から存じ上げていました。特に、この8年ほど保育実践について施設制度を超えて考える保育の研究会でご一緒させていただくようになり、本当に深く学ばせていただくようになりました。また、園でもお忙しいのに、全日本私立幼稚園幼児教育研究機構の専務理事として本当に身をすり減らして尽力されるようになられ、公共のために、子どもたちのために、自園だけではなく、どの園の保育者や子どもたちのためにも尽くされる方だと一層尊敬しております。

そして、改めてこの本を拝読し、加藤先生の歩まれてきた道と園文化の醸成の中に、さまざまなことを学ばせていただきました。現在インクルーシブ社会や合理的配慮ということが言われるようになっています。しかし、そのずっと前から地道に実践を積まれてきたからこその、保護者や保育者、卒園生も含む子どもたちとの信頼関係がここにあります。教師であり実践者であった北原キヨ先生の編み出された、混合教育や生活療法を受け継ぎながら、そこに時代による変化の中で、悩む保護者に一層寄り添うための研修会や集いの方法を考え、園のどの子どもたちへの保育の質もよりよくなるようにと、先生方の幼児教育学習会やそのための年間のリズムを作ってこられています。子ども、保護者、保育者に寄り添うためのリズムに目線を合わせ、息遣いを感じながら、それぞれの子どもが安心の中で伸びていく瞬間を感じとっておられるからこそ、子どもたちが共に伸びるのだと思います。

また、ＡＳＤ児だから個々にではなく、その子のリズムを認めながらもＡＳＤ児同士で自己肯定感を高め、また定型発達の子どもとも遊び暮らす中でかかわるからこそ共に伸びていくという加藤先生の園の哲学があると学ばせていただいています。だから定型発達児にＡＳＤ児へかかわるための注意点など教示されないのです。子どもは多様な人と共に生き育ち学びあうことができる、それを子どもに学ぶという加藤先生の園の文化があります。

研究会では加藤先生も園の実践例を出し、お話をくださるのですが、そこには「これが定型発達児で、これがＡＳＤ児で」などの境はありません。一人ひとりの固有名の子どもの生き生きとした姿、時には泣いたり落ち込むのをなぐさめあったり、はげましあったりする子どもたちの姿を語ってくださいます。

あるこだわりの強いお子さんが特定の制作でずっとセロハンテープをいろいろ工夫してつけている姿の動画を見せていただいたことがあります。本当に子どもってすごいなあ、とか、この子ってやるなあという感嘆、子どもはどの子も内在するものを伸ばすには、きちんと計画的に構成した空間や場などが必要ですが、一方で少しづつそれを子どもがこえていくのを待つことでこんな風に伸びるのだという姿を見せてくださいました。決して放っておくだけでも見守るだけでもなく、ＡＳＤ児でも定型発達のお子さんでもそこには環境をきちんと整えることの必要性や調整の在り方によって、どのように子どもの自己肯定感を育むかが考えられています。

ＡＳＤ児の保護者の悩みや困り感に寄り添うために、加藤先生は保育者と共に保護者を支えるだけではなく、その保護者同士の交流の場を設け、またその子どもの育ちの見える化をそれぞれにされています。だからこそ、そこに保護者も共に同じ経験を共有・共感していく場ができていくのだろうと思います。

子どもも保護者も、手を差しのべ、その手を感謝して受け入れる相互関係が当たり前になるのは容易なことではありません。だからこそ、園という場が保護者に伝えるべきことを入園前からきちんと伝えて準備してもらっている、だからこそ、そこには共に学ぶ場の形成ができるのだと考えられます。

ここには、ＡＳＤ児への希望だけではなく共生社会への希望の泉が皆のエネルギーによって湧き出していると思います。それが子どもの場合には「わちゃわちゃ」であり、それを大人のかたい頭で見ると時には「？」になるのかもしれません。

でも、園は、専門家としての保育者たちが、園長と共に、それまでの取り組みを通して子どもにどのような資質能力が育ったのかをきちんと語れるようにしています。その言葉や動画などに残る子どもの姿によって、皆の希望の物語が連なっていくのです。

○○大学にいれるため、△△小学校にいれるために□□幼稚園にいれるのではなく、武蔵野東の幼稚園があって小中高校ができていったのです。この親の連帯はこれからの公教育の場がどのようにあったらよいのか、その可能性の一つを示していると思います。

結果よりも子どもの成長のプロセスを大事にする。この姿があることで、どの子も幸せなプロセスとしての人生の旅路を生きていけるのではないでしょうか。この本は、ＡＳＤ児にかかわる方だけではなく、すべての教育関係者に読んでもらいたいと心から思います。

そしてまた学び上手の加藤先生にいろいろ教えていただき、私も学んでいけたらと願うところです。

第3章
世界標準の「生活療法」でＡＳＤ児の自立を促す

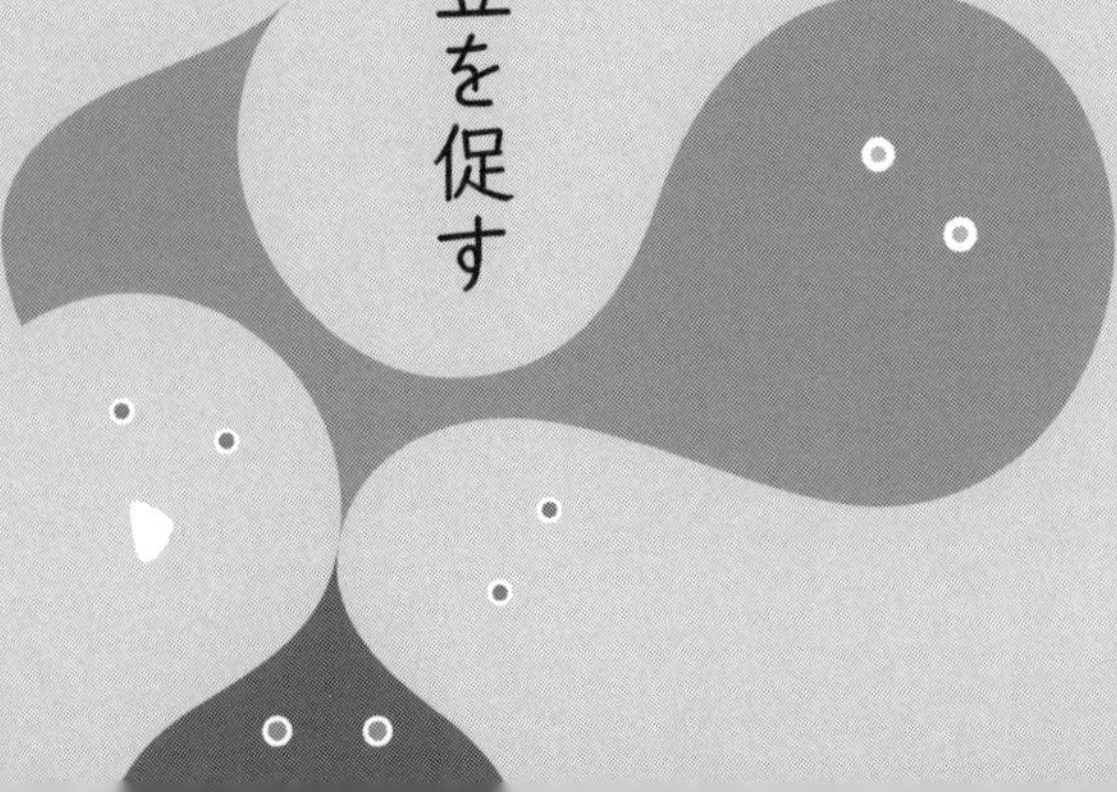

「混合教育」と並ぶ本園のもう一つの柱が「生活療法」です。ただし、この「生活療法」という言葉も「混合教育」と同様、一般の方には知られていません。「療法」という言葉から誤解されることも多いのですが、決して医療的な行為ではありませんし、特定のメソッドが存在するわけでもありません。この章では本園の「生活療法」がどのようなものなのか、丁寧に解説していきたいと思います。

1960年代に生まれた言葉

皆さんは「療法」という言葉を聞いて、どのようなものをイメージするでしょうか。恐らく、何らかの「医療的な治療法」を思い浮かべる人が多いのではないでしょうか。

実際、薬物を利用する「薬物療法」、免疫の力を利用する「免疫療法」、作業を通じて改善を図る「作業療法」など、「療法」とつく言葉の多くは医療・保健分野のものです。そして、その多くは学術的に裏付けられた、確固たるメソッドが存在します。

一方、本園の「生活療法」は、そうしたメソッドが存在するわけではありません。ASD児の強いこだわりに対し、この指導、この働き掛けをすれば改善するといった、特定の手立てが厳密にマニュアル化されているわけではないのです。

その意味で、正直にいうと「生活療法」という言葉は、本園におけるＡＳＤ児への支援・対応を正確に表したものとはいえない部分もあります。なのに、なぜこの言葉を使っているのかというと、それはこの言葉が長年にわたり、武蔵野東幼稚園のＡＳＤ児教育を象徴する言葉として使われてきたからです。保護者も、「武蔵野東幼稚園＝混合教育×生活療法」というイメージをもっている人は多く、そうした経緯からこの看板を掲げている側面があります。

本園の「生活療法」は、創立者である北原キヨが生み出した言葉です。本園の認可は１９６４（昭和39）年ですから、今から60年以上も前のことになります。当時、教育界では学習心理学に基づく「行動療法」が注目を集めていました。そうした時代的背景がある中で、「生活の場面を通してスキルを身につける」ことに重点を置く本園の教育が、「生活療法」と呼ばれるようになったのでしょう。

とはいえ、「行動療法」はイヌやネズミなどの動物を用いた臨床研究によって確立した学術的理論です。有名なのは「パブロフの犬」ですが、特定の刺激や働き掛けを繰り返すことで、人や動物の行動を制御・コントロールするのが「行動療法」です。一方で本園の教育は、そうした発想とは全くベクトルが異なります。特定の刺激や働き掛けを繰り返せば、それだけでＡＳＤ児の状況が改善するとは考えていませんし、そうしたスタンスで子どもと向き合うこともありません。

では、本園の「生活療法」とは何かと問われれば、生活を通じた日々の働き掛けや環境調整を通じ、子どもが自分自身をコントロールできるように支援していくことです。そして、そのための日々の地道な営みこそが「生活療法」だともいえます。その意味で、ASD児の教育メソッドというより、本園の幼児教育における根本的な理念・哲学ともいえます。

もし、「療法」という言葉に期待し、特定のメソッドやマニュアル的なものを求めていた読者の方がいたら、申し訳なく思います。しかし、ASD児の教育・保育は、そんなに単純なものではありません。その点をご理解いただいた上で、本園が子どもたちにどのような働き掛けをおこない、どのような環境調整をしているかを知っていただければと思います。しっかりと読み解いていただければ、きっと得られるヒントもあると考えます。

規則正しい生活リズムをつくる

本園の教育・保育における柱は、「体づくり」「心づくり」「知的開発」の三つです（次ページ図6）。この三つはそれぞれ、密接に関連しています。「心」が育てば「体」や「知」も育ちますし、その逆もまた然りです。

「体づくり」において何より重視しているのは、規則正しい生活リズムをつくることです。

毎日、同じ時間に寝て、同じ時間に起き、幼稚園へいく。そうした生活リズムをつくることが生活の土台となり、子どもの成長につながります。

当たり前のことではありますが、最近の子どもはこれが乱れがちです。特にASD児の生活リズムは乱れやすく、就寝時刻が定まらなかったり、夜中に何度も起きてしまったりすることがあります。それだけに、本園では保護者と密接に連携をとりながら、改善を図るようにしています。

例えば以前、本園のある保護者が「子どもが毎晩、1時間ごとに起きる」と愚痴をこぼしていたことがあります。ASD児には、よくある話です。その保護者もそうした特性を理解し、「仕方がない」「私が合わせないと」と考えていました。そして、子どもが起きるたびに、抱っこをしてあやしたり、一緒に遊んだりしていました。

でも、ASD児のそうした行動は、決して改善

図6
生活療法の三本柱

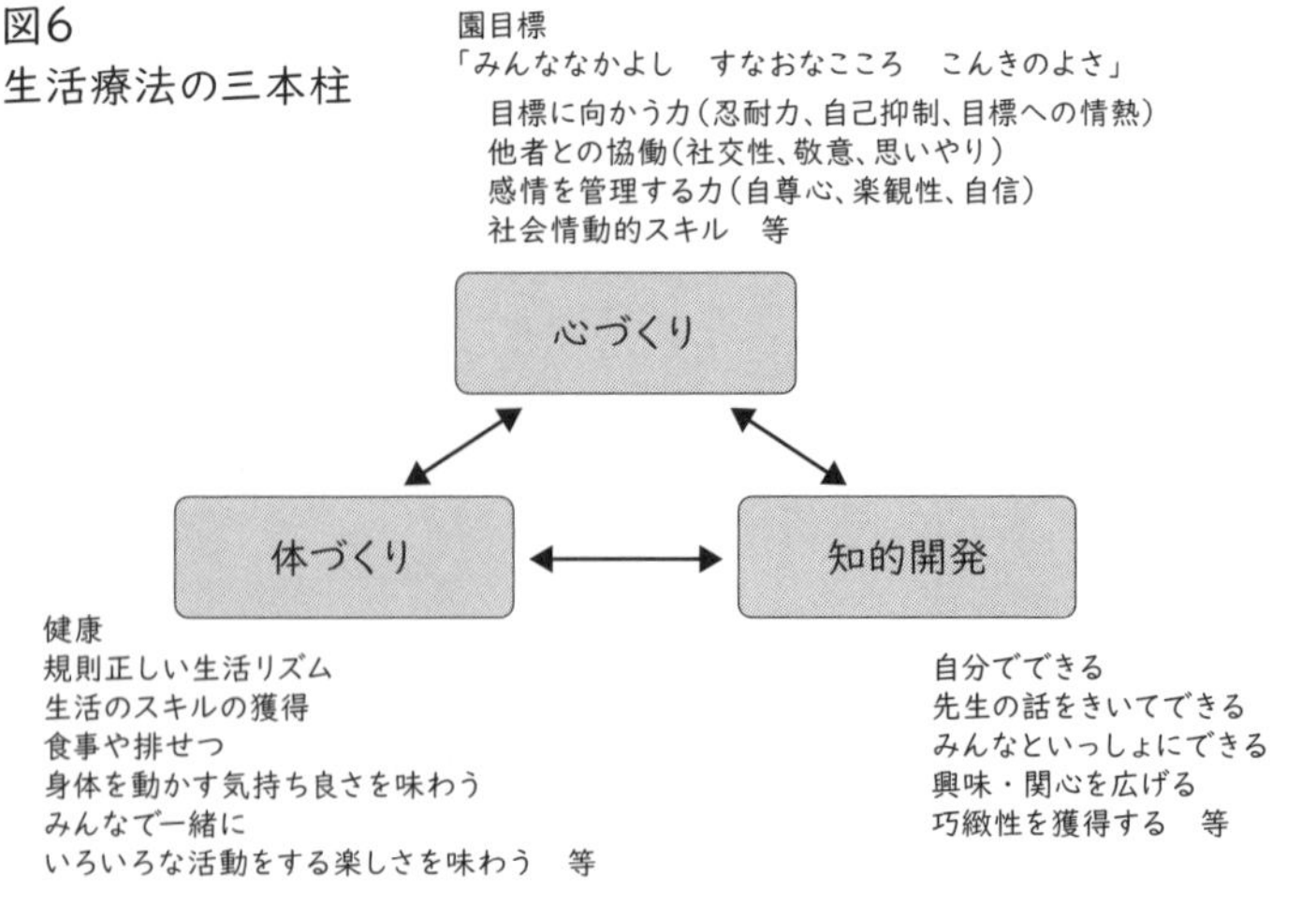

が見込めないものではありません。加えてそれを「仕方がない」と許容してしまえば、いつまでたっても生活リズムは崩れたままで、「体」だけでなく、「心」や「知」の成長にも影響を及ぼします。そのため、本園ではその保護者と相談の上、就寝の1時間前には部屋を暗めにすること、入浴を就寝の2時間前にすること、ご飯の時間を変えてみること、子どもが起きてもあえて相手をしないことなどの対応を試みてもらうことにしました。

その結果、その子の生活リズムは少しずつ改善されていきました。後日、その保護者が幼稚園にきたとき、「先生、聞いてください。うちの子、この間初めて朝の4時まで一度も起きなかったんです」とうれしそうに話していました。親として目標をもって取り組んだことにわが子が応えてくれたことによって、「生活は改善できるのだ」という自信と希望がもてるようになっていったのです。

ところで、良質な睡眠をとるためには、適度の運動が大事だとよくいわれます。その点で、ASD児は多動の傾向があるため、夜はよく眠れるようにも思われがちです。ところが、実際には多動な子も睡眠が不規則で、夜眠れなかったり、数時間おきに目を覚ましたりします。

これが何を意味しているかというと、運動は脳が身体を制御することなので、自分の意識で体を動かす必要があるということです。多動の場合、自らの意思で体を動かしているというより、「勝手に体が動いている」かのように見えます。そのため脳が疲れた状態にならないのではないでしょうか。そうした点も考慮し、本園には「体育」と「ダンス」の専門教員がいて、「自分の意思で体を動かす」習慣を子どもたちに養っています。

偏食もさまざまな工夫で改善を図れる

「体づくり」においては、「睡眠」の他に「食事」や「排せつ」を整えることも大切です。この三つが安定すると感情も安定してくるのです。

ＡＳＤ児の中には、「食事」に関して強いこだわりを示す子がいます。いわゆる偏食です。強いこだわりがあり、自分が決めたものしか食べない子も少なくありません。例えば以前、カレーは特定のキャラクターのイラストが入ったものしか食べない子がいました。そのカレーが、栄養面で他のカレーと遜色なければ問題ないとの見方もできますが、将来的なことを考えれば望ましいとはいえません。もし、地震や水害で避難所へいくようなことがあれば、食事に苦労をすることでしょう。

その子の保護者も、ＡＳＤ児には偏食傾向があるから「仕方がない」と考え、「食べてくれるなら」という理由でそのカレーだけを出し続けていました。でも、実際にはさまざまな工夫や働き掛けで、偏食も改善を図ることは可能です。具体的に、例えば一口食べられたら褒める、次の日は二口にチャレンジする、それができるようになったら小さなお皿で出して量の見通しが分かるようにするといった具合に、スモールステップで改善を図っていくことが考えられます。

また、食については三食をトータルに見据えて、調整をかけるのも効果的です。例えば、本園では月・火・木・金曜日の4日間、給食センターがつくる昼食を出していますが、中には偏食ゆえにまったく食事に手をつけない子もいます。そうした場合は家庭と連絡をとりながら、朝食を少し減らすようお願いしたりします。

ASD児の保護者はとかく、今が大変なため、まずは今日を過ごせるように「そういう子なんだから、仕方がない」と諦めてしまいがちです。食事にしても、「カレーを食べてくれるなら、それでいい」「足りない栄養素があれば、サプリメントで補えばいい」などと考える人が少なくありません。気持ちは分かりますが、偏食が改善されなければ、これからの社会生活のさまざまな場面で不便さを感じることでしょう。

以前、本園と二人三脚で偏食の改善に取り組んだ保護者が、保護者同士が交流する場で、「うちの子も昔は偏食傾向が強かったんですが、今では何でも食べられるようになりました。家族みんなで、レストランにもいけます」と話していました。その話を聞いた同じ悩みを抱いている多くの保護者は、希望を抱いたことでしょう。大切なのはASDだから「仕方がない」

と諦めないことです。可能性を信じて少しずつ取り組むことの大切さをあらゆる機会を通じて保護者に伝えるとともに、支援しています。

トラブル発生時は、言動の「背景」を考える

「心づくり」では、自己をコントロールし、他者と協働しながら行動ができるようにすることを目的としています。とはいえ、ASD児の多くは対人関係が苦手で、自分のペースを崩さない傾向があるため、これが一筋縄ではいきません。

例えば以前、あるASD児が突然、お友達を突き飛ばしてしまったことがありました。突き飛ばされた子は、理由が全く分からず、泣きだしてしまう……。ASD児が起こすトラブルとしては、よくあるタイプのものです。

こうした場合、本園で大切にしているのは、突き飛ばした「行為」ではなく、「背景」に目を向けることです。突き飛ばした子に、まずは「どうして、そうしたの？」などと聞きます。もちろん、すぐに明確な答えが返ってくるわけではありませんが、コミュニケーションを重ねる中で、理由が見えてくることもあります。

前述の子どもが突き飛ばした理由は、そのお友達におもちゃのある場所を教えるためだと

いうことが、その後のやりとりで分かりました。お友達が遊びたいおもちゃがそっちのほうにあったので、「教えてあげよう」と思ったのです。

このように、ＡＳＤ児には根っこの部分には素直さがあります。その表現方法が少なく、特有なために、周囲からは「乱暴」「身勝手」などと捉えられることが多いのです。

もちろん、たとえやさしさであっても、突き飛ばす行為が許されるはずがありません。そのため、しっかりと改善を図っていく必要があります。

本園では、ＡＳＤ児がトラブルを起こした場合、その背景を把握して気持ちを受け止めた後、「こうして教えてあげてね」と伝え、教員が手本を示すなどしてロールプレイを繰り返します。もちろん、すぐに改善されるわけではありませんが、粘り強く伝え続けることで、徐々に行動を思いとどまってくれるようになっていきます。

もし、頭ごなしに「そんなことしちゃ駄目でしょ！」と叱れば、子どもは「受け止めてもらえなかった」とモヤモヤが高まります。そうしたことが重なれば自己肯定感が下がり、その子の成長が阻害されることにもなりかねません。

子ども同士のトラブルは、成長を引き出すチャンス

子ども同士のトラブルは、園生活のあらゆる場面で起きます。例えばある日、A君がASD児のB君に「あそぼ！」と声を掛けました。B君は「いいよ」と言い、二人は園庭に向かいました。ところが、A君が園庭に出ると、B君は全く別のほうへいってしまったのです。A君は憤慨して帰宅後、「『いいよ』って言ったのに。B君なんか嫌い。幼稚園いやだ」と言いだしました。年中の4歳児によく見られる光景です。

さて、B君はなぜA君と別のほうへいってしまったのでしょうか。それはA君が砂場で遊びたかったのに対し、B君は滑り台で遊びたかったからです。

本来ならB君が「滑り台で遊びたい」と言えばいいのですが、ASD児の場合、言葉での表現が苦手なため往々にして行動が先走ってしまいます。こうした場合、B君には、「A君は『砂場』で『B君と一緒に』遊びたかった」という気持ちを伝えます。

一方、「裏切られた」「幼稚園いやだ」と思っているA君へのケアも大切です。そのため、本園では保護者対象の研修会を通じ、ASD児が起こしがちな行為の例などを示し、そうしたトラブルが、むしろ子どもの成長を引き出すチャンスになることを伝えています。

前述のA君の場合、保護者が「B君と遊びたかったんだね」と受け止め、「B君は違う遊びをしたかったのかもね」などと伝えれば、子どもの視野を広げることができます。そして、「今度はB君と何をして遊ぶか相談したら？」などと提案してもらうようにします。

そうした働き掛けの結果、A君とB君が一緒に遊べるようになれば、それは双方の成長につながります。保護者の方々にはそうしたことを折に触れて伝え、家庭での望ましい対応を促すようにしています。これは通常クラスの年中児も同様です。

他者と協働的に行動する上では、「思いやり」の心を育んでいくことが大切です。でも、この「思いやり」が、果たしてASD児に育つのかと考える人も少なくありません。

「思いやり」や「共感力」を測定するテストの一つに、「誤信念課題」があります。詳しいことは割愛しますが、一般的にASD児の多くは、この課題で他者の心情を読み取れないといわれています。

本園の子どもたちは、子ども同士の関わりが多いためか、この「誤信念課題」で望ましい結果が出ていると聞きます。

子どもの学びの「先回り」をしない

柱の三つ目「知的開発」においては、子どもが自身の興味・関心に基づき、主体的に学んでいくことが大切です。しかし、この「主体的に」という部分に難しさがあります。日本では、大人が子どもに「先回り」をして、教えてしまうケースが多いからです。

この点は幼稚園だけでなく、小学校以上の教育課程においても大きな課題だといえます。教科書に書かれてあることを覚えさせるべく、教師が「チョーク&トーク」で一方的に説明し、テストによって定着度を測る。そうした営みの中で、多くの子どもが「受け身」になっています。昨今はその反省に立ち、幼稚園教育要領や学習指導要領では「主体的・対話的で深い学び」を通じて自律的な学習者を育てることが目指されていますが、状況が改善するには相応の時間がかかるでしょう。

幼稚園教育においても、大人が「先回り」をした結果、主体的な学びを阻害してしまうようなことが珍しくありません。例えば、通常クラスの子における制作の場面を考えてみます。ある子が、ダンボールを使って動物のワニをつくっていました。秋の園祭りに出す展示物の一つです。

作業が順調に進んでいたのですが、ワニの口をつくる段階になって手が止まりました。手や足は、単純にダンボールをその形に切ってテープでつければよいのですが、口をつくるとなると「上あご」と「下あご」をつくって、開閉するようにしなくてはならないからです。

大人であれば、どうしたら開閉可能な口をつくれるか、頭の中でイメージできます。でも、幼児の場合はまだ経験していないことなので、どうすれば開閉するようになるのかが分からずに、手が止まってしまったのです。

このように困った子どもを見たとき、大人はつい「こうすればいいんだよ」と答えを教えてしまいがちです。そうしてサポートをすれば子どもはそれなりに喜びますし、大人への信頼が高まるようにも感じます。しかし、こうした「先回り」は子どもが成長する絶好のチャンスを奪ってしまうことになります。

自分の力だけで解決できれば、それは確かな知識・技能となりますし、大きな達成感も得られます。そして、その達成感は次なるチャレンジへの意欲も生みます。そのため、本園では子どもの取り組みに関心を寄せながら、じっくりと待ちます。どうしても解決の糸口が見えない場合は、正解を示すのではなく、ヒントらしきことをさりげなく示すようにしています。

子どもの成長ポイントを見極めて支援をする

「先回りをしない」といっても、放っておけば子どもは育つという単純な話ではありません。特にＡＳＤ児の場合は、子どもの成長を引き出すためには、ちょうどよいさじ加減での支援が不可欠となります。

例えば、クラスのみんなでバスの絵を描くとして、通常クラスの子の場合、そう伝えただけでクレヨンなどを使ってバスの絵を描くことができますが、ＡＳＤ児の場合はそうはいきません。何かしらの支援を通じて「自分にも描けた」という達成感をもたせることが必要です。

　では、どのようにすればよいのか。例えば、絵がほとんど描けないような子の場合は、教師があらかじめバスの輪郭を描き、そこに色を塗ればよい状態で子どもに渡します。それでも塗れない場合は、ある程度まで教師が色を塗り、空いている部分を埋めるだけでよいようにします。また、色が輪郭からはみ出してしまう場合は、「グルーガン」という道具を使って輪郭の上に樹脂を盛るという支援も効果的です。

　ときには教師が見本を示し、模倣をさせるのも有効です。いわゆる「板書写し」と同じで、昨今の教育界ではやや時代遅れに捉えられる部分もありますが、ASD児の場合はそうした学び方にも慣れておくことが大切だと考えます。

　支援のやり方は、子どもによって異なります。少しの支援でよい場合もあれば、最初は教師が手を添えて一緒に描くなどの援助が必要な場合もあります。そうして、子どもが少し頑張ればできるような成長ポイン

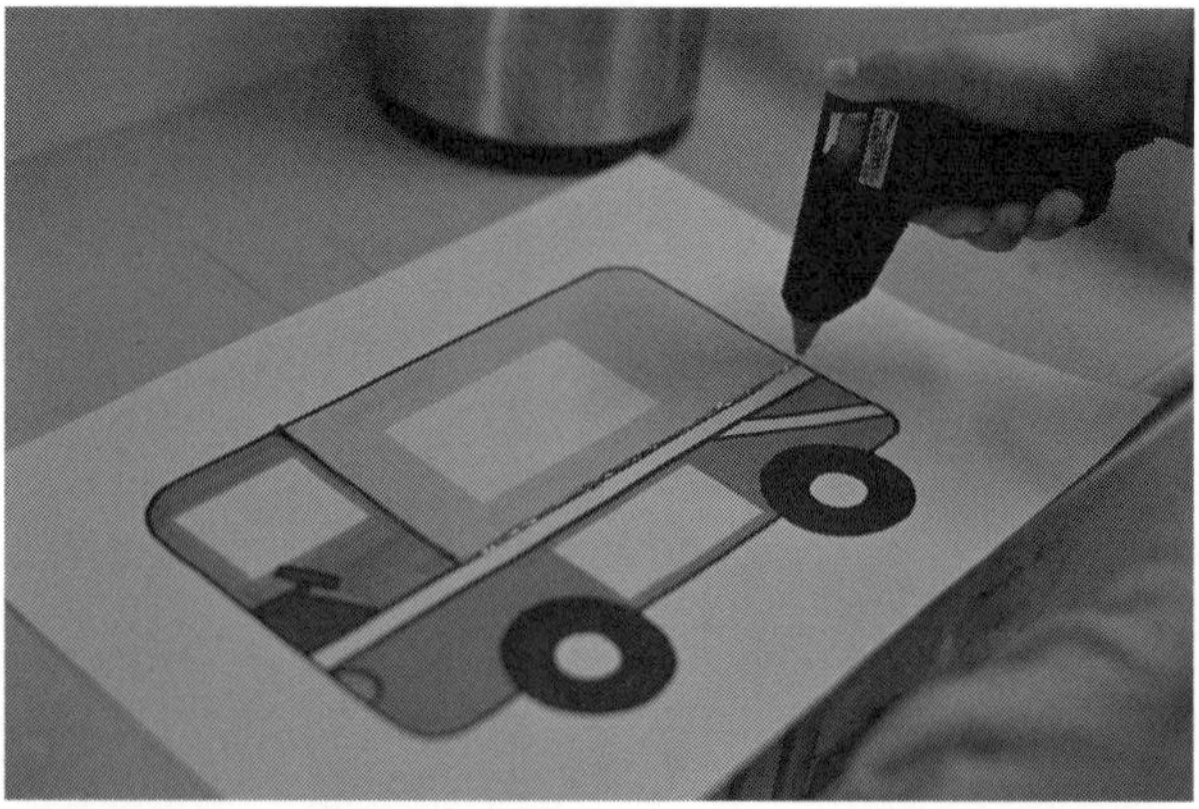

グルーガンを使って、輪郭の上に樹脂を盛り、
クレヨンがはみ出ないようにする支援

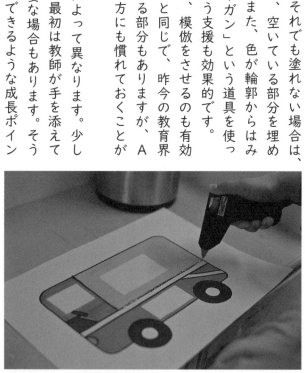

トを見極め、適切に支援をしていくことが大切なのです。発達心理学では、そうした成長ポイントのことを「発達の最近接領域」と呼んでいます。そうした支援を適切に講じ、小さな成功体験を積み重ねていくことで、子どもは成長をしていくのです。

そうしてある程度描けるようになったら、作品はなるべくみんなが見えるところに掲示するようにします。作品を見た周囲の友達から「いいね！」と言ってもらえれば、子どもは喜びます。本園では、少人数クラスに通常クラスの子がやってきて、そうしたやりとりをすることも多く、ASD児の自己肯定感を高めることにつながっています。

なお、「心づくり」と「知的開発」の間には相関関係があり、やる気になって主体的に学んだ事柄はしっかりと定着することが、さまざまな研究などでいわれています。これは通常クラスの子どもはもちろん、ASD児にもいえることです。

一方でASD児の場合、特定対象への興味・関心が強く、大人が何もいわなくても夢中になって没頭します。その反面、それ以外のことには意識が向きにくい傾向があります。そのため、いかに興味・関心の範囲を広げていくかがポイントとなってきます。

もちろん、別の対象に無理やり興味を向かせようとしても逆効果です。ここでも地道に少しずつ、興味・関心の範囲を広げていくことが大事です。

本園の場合、第2章で紹介した交流活動が、そのよい機会となっています。また、子どもの興味・関心を広げ、相互の交流を生み出す空間設計も大きな役割を果たしています。

ＡＳＤ児のための「合理的配慮」と「基礎的環境整備」

　ここまで述べてきた「体づくり」「心づくり」「知的開発」は、ＡＳＤ児への教育に限った話ではありません。通常クラスの子も含め、幼稚園教育全般に通底するものです。

　一方で、ＡＳＤ児を数多く預かる本園では、そうした子に向けたさまざまな工夫や調整もおこなっています。昨今、教育界ではこれを「合理的配慮」と呼んでいます。

「合理的配慮」でよく挙がるのは、スロープやエレベーター、点字ブロックの設置などです。これら施設の改修等は行政的な課題となりますが、幼稚園や学校レベルでおこなえるソフト面での「合理的配慮」も少なくありません。教育・保育のあらゆる場面で、教師が「合理的配慮」を意識した支援を講じることで、子どもの成長を引き出すことができるのです。

　一方で、「合理的配慮」を必要とする場面があまりに多いと、ＡＳＤ児を受け持つ担任の負担は過大になってしまいます。その結果、教師がつぶれてしまうようでは、元も子もありません。

　そのため、大切になってくるのが「基礎的環境整備」です。あらかじめ、障害の有無にかかわらず有効な教育・保育環境を整備すること、いわゆる「ユニバーサルデザイン」の考え方で環境を整えておくことで、個別に対応すべき事案が減少します。つまり、「基礎的環境整備」をきちんとすることが、「合理的配慮」にかかる負担を減らし、教育・保育の充実につながることになるのです。

本園においても、この「基礎的環境整備」をしっかりとおこなうよう意識しています。中でも重視しているのは、「組織」「チーム」として教育・保育に当たることです。少人数クラスの担任がトラブル対応などに追われるようなことがあった場合は、他の教師がその様子を見てフォローします。ときには教材の作成を手伝ったり、掃除の分担を減らしたりするなどして、周囲の教師が目を配りながら、特定の教師が過重負担に陥らないようにしているのです。そうした教員の連携体制については、第2章でも説明した通りで、「少人数クラスのケース会議」の他に「学年ごとのケース会議」を設けることで、教員間の情報共有と相互援助がスムーズにおこなえるようにしています。

「合理的配慮」の具体例

このように、本園では「組織」「チーム」として支え合う「基礎的環境整備」をおこなった上で、ASD児に対する「合理的配慮」をおこなっています。では、実際にどのような配慮があるのか、いくつか具体的に紹介します。

①視覚が優位な子への配慮

ASD児は一般的に、聴覚からの情報よりも視覚からの情報のほうが優位な子が多いといわれています。そうした子には、口頭で説明しただけでは伝わらないことが多いため、絵カードなどを掲示した上で説明するなどしています。例えば、着替えの手順が分からない子どもがいた場合は、個別に手順表をつくり、それを見ながら着替えられるようにします。また、登園時のバスや電車の中で独り言を言ってしまう子には、「しずか○」「うるさい×」と書かれたカードをあらかじめ提示するなどして、マナーを守るように伝えることもあります。

②決まったパターンでの行動が多い子どもへの配慮

ASDの特性の一つに、決まったパターンでの行動に固執し、異なるパターンを受け付けないことが挙げられます。例えば、絵を描くときに同じ色のクレヨンにこだわってそればかりを使ってしまう子がいます。そうした場合は、あらかじめ画用紙等に異なる色の枠を付けておいたり、事前に「今日は○○色の○○を描くよ」と伝えたりします。もちろん、すぐに改善するわけではありませんが、ステップバイステップで段階を踏みながら、自分が固執する行動パターン以外にも、自分の行動パターンがとれるようにします。

③大きな集団への適応が苦手な子どもへの配慮

ASD児の多くは、多様で多くの情報が飛交うクラス集団内で、みんなと一緒に行動することが苦手です。そのため、通常クラスに一人で入ると、パニックを起こして泣きだすことがあります。本園がASD児による少人数クラスを編成し、ステップを踏んで通常クラスと交流をしているのは、そうした理由もあります。

それでも、集団での活動に馴染めない子には、登園直後に個別にコミュニケーションをとり、その子の安心感を高めるようにしています。また、集団では指示が通らない子も多いので、話をするときに「1番、○○○。2番、○○○」と番号をつけて見通しをもちやすくしたり、内容を繰り返して理解を促したりしています。さらには、集団での活動をおこなう前に、同じ活動を事前に経験させることもあります。

ASDの特性の中には、「視覚優位」「感覚過敏」「強い固執性」などがあります。そのあらわれ方は一人ひとり異なります。また、そうした特性が出る場面も子どもによって異なります。

さらにいえば、同じ子どもであっても、日によってそうした特性が強く出る日と出ない日があります。

ASDを「特性」でくくり、その処方箋を求める人は少なくありません。でも、前述したように状況は一人ひとり異なるため、万能薬は存在しません。加えて、それらの特性を数値化するのも容易ではありません。

そのため、本園では一人ひとりの特性の把握は、検査などによるスクリーニングではなく、教員一人ひとりの経験に基づいておこなっています。その意味で、「生活療法」と呼ばれる本園の取り組みは、何十年にも長きにわたり連綿と紡がれてきた職員の経験・知見によって支えられているともいえます。

SCERTSによる発達評価

教育は、その成果を測るのが難しい営みです。小中学校の場合は、学力が一つの指標になるのかもしれませんが、それも人間の一部分を切り取ったものにすぎません。幼稚園においても、子どもの育ちをどう評価するのかは、非常に難しいものがあります。

そうした前提を踏まえた上で、本園におけるASD児の成長を数値化した研究データを紹介します。少し前になりますが、2013年に東京学芸大学の藤野博教授の研究室が実施したもので、「SCERTS（サーツ）モデル」という、ASD児向けの調査指標を用いています。

本園のASD児（年中児・A児）の調査結果を示したものが108ページの図7です。グラフの左が「２０１３年７月10日時点」、右がその約半年後の「２０１４年１月20日時点」のデータです。調査は、子どもの行動をビデオカメラで撮影し、図９にあるような行動特性をスコア化する形でおこなわれました。すなわち、グラフはその子の半年間の成長を表したものとなりますが、一目見てお分かりいただけるように、どの項目も顕著にスコアが伸びています。

同じ期間において、別のＡＳＤ児（年中児・Ｂ児）の結果を示したものが図８です。図７の子どもよりやや言語に難がある子のデータですが、こちらも同じく、どの項目も顕著にスコアが伸びています。

この結果について、調査をおこなった藤野教授は次のように指摘されています。少し長いですが、そのまま引用します。

図7　SCERTS(サーツ)モデルによるA児のスコア

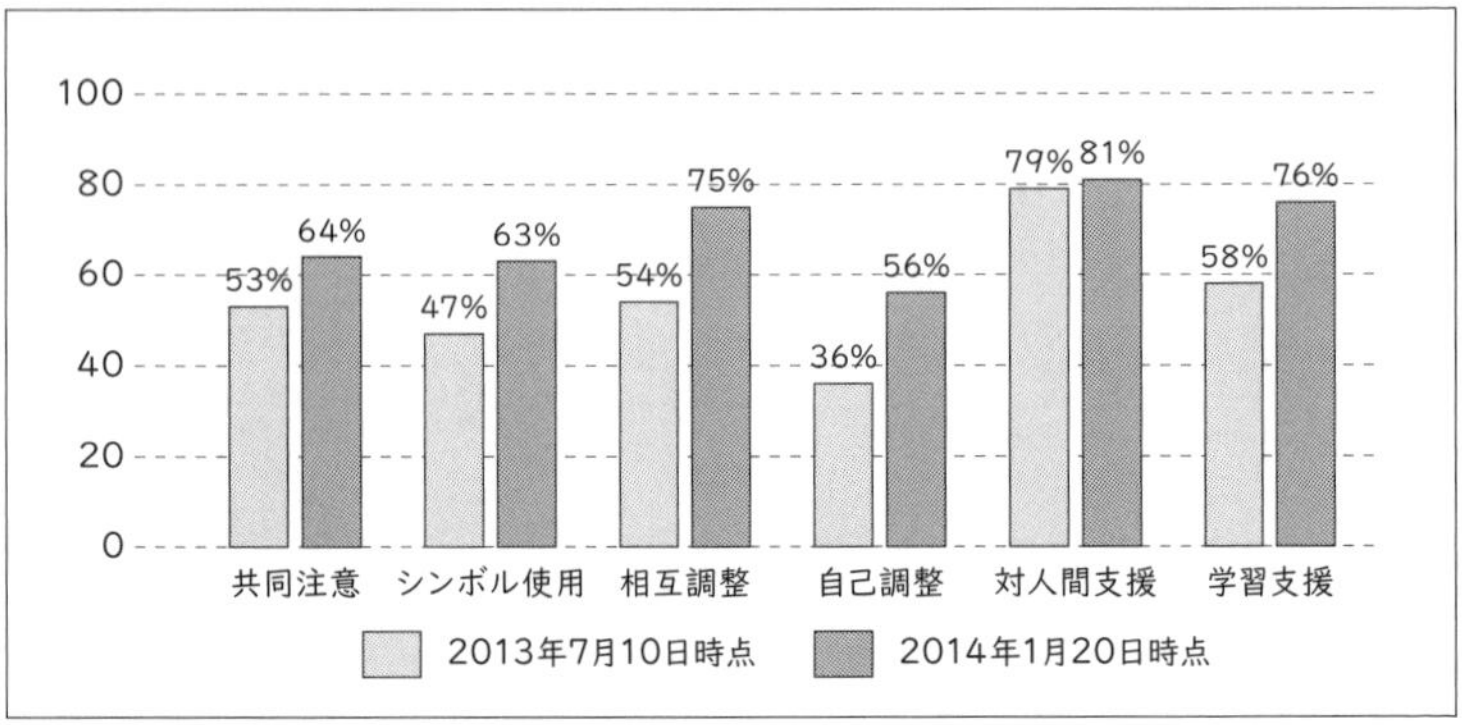

図8　SCERTS(サーツ)モデルによるB児のスコア

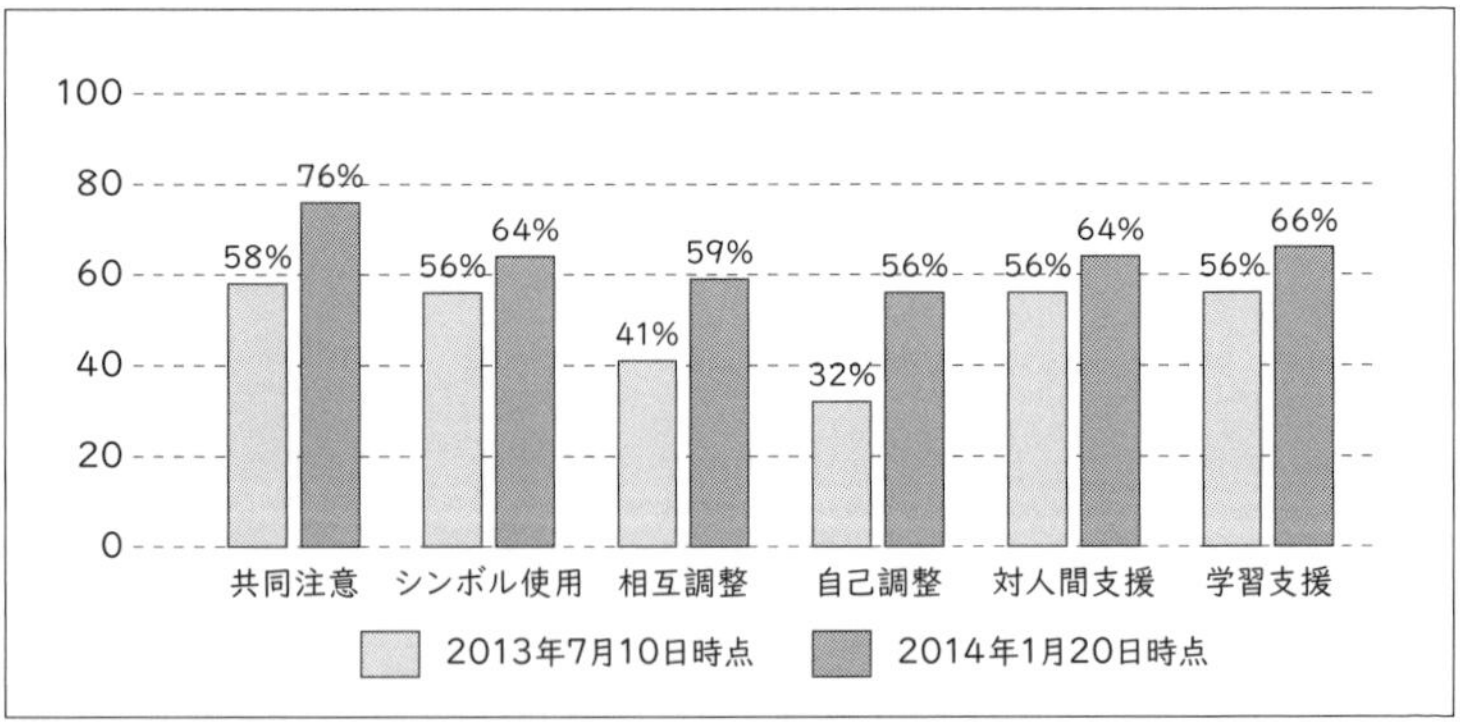

図9　SCERTS(サーツ)モデルの評価指標

共同注意…………他者と注意・情動・意図などを共有する力。

シンボル使用……ジェスチャーや語などで表現する力。

相互調整…………情動の乱れや崩れが他者からの援助を受けて立て直されること。

自己調整…………情動の乱れや崩れを自らの行為を通して立て直そうとすること。

対人間支援………子どもの社会的な活動への参加の拡大に向けて大人や支援者によってなされるコミュニケーションのサポート行為。

学習支援…………子どもが活動の流れや場面への見通しを持ち、分かりやすくなるよう学習環境を整備・調整する行為。

※%は指標で観察された得点率

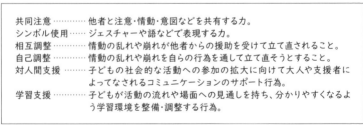

SCERTSでは（中略）ASD児【自閉症児】と定型発達児【健常児】との交流がとりわけ重視される。プリザント【SCERTSの開発者】らは自然な活動やルーティンでの定型発達児や、社会性や言語の良いモデルとなる子どもたちとの相互の関わりは、ASD児のコミュニケーション支援にとって非常に重要であるという。

（中略）

これは、武蔵野東学園の生活療法の考え方と共通する部分が多いのではないだろうか。まず、訓練室ではなく生活の場、すなわち「自然な活動や経験の中」でのアプローチであること。そして、一緒に生活する定型発達の子どもたちが、ASDの子どもたちにとってコミュニケーションの良いお手本になり、サポーターになること。また、それが定型発達の子どもたちにとっても人間的な成長の糧になること、などである。

※【】内は筆者による追記
※「平成25年度文部科学省インクルーシブ教育システム構築モデル事業武蔵野東第一・第二幼稚園の「生活療法」について」（2014年3月）より引用。

読んでいただいて分かるように、この調査について開発者であるバリー・M・プリザントは、各スコアが「自閉症の子と通常クラスの子との交流」によって高まることを指摘しています。SCERTSについての書籍『The SCERTS Model: A Comprehensive educational approach for children with autism spectrum disorder』が刊行されたのは2006年なので、本園の「混合教育」や「生活療法」が誕生してから、ずっと後のことです。この点について藤野教授は、「武蔵野東学園の生活療法の概念に時代・世界が追いついたのだといえるかもしれない」と指摘されています。

もちろん、図7・8に示したデータが、本園の「混合教育」「生活療法」の成果を決定づけるものとはいいません。ただし、学術的な観点から開発された調査が、多くの臨床データを通じて「通常クラスの子との交流が、自閉症の子の発達に良い影響を与える」と明らかにしていることは、少なくとも本園の「混合教育」や「生活療法」の考え方が、グローバルスタンダードと軌を一にしているということはできると思います。

日本より先に世界で評価された「生活療法」

実は、本園の「生活療法」は、日本より先に海外で高い評価を受けてきました。一つの契機となったのは、1978（昭和53）年にハーバード大学の教授ジェローム・ケーガン博士が来日した折に、本園を訪ねてきたことです。ASD児が集団の中で規律正しく行動し、生き生きと過ごす姿を見たケーガン博士はこれに驚き、本園の「生活療法」をアメリカの学術界に紹介しました。

その反響は大きく、本園の創立者である北原キヨのもとに欧米の学会から次々と講演依頼が舞い込んできました。当時、教育界で「行動療法」（P88参照）に対する批判が出ていたことも、子どもの主体性を軸にする本園の「生活療法」に注目が集まった理由の一つかもしれません。

講演会の場に、キヨは本園のＡＳＤ児たちを連れていきました。そして、歌やダンスを披露した上で、具体的に「生活療法」がどのようなものかをプレゼンテーションしました。その様子を見て、アメリカの研究者たちは驚愕したそうです。

その後、アメリカのオハイオ州にあるボーリング・グリーン州立大学のモア総長が、「生活療法」に関する論文をまとめるようキヨに進言しました。その上でモア総長は大学の教授陣を本園に派遣させ、子どもたちの様子をつぶさに観察させました。そして、キヨに名誉博士号を授与しました。１９８０（昭和55）年のことなので、ケーガン博士の来日からわずか2年で、本園は世界的な評価を得るに至ったわけです。

一方で、当時の日本国内では本園の「生活療法」を眉唾ものとして見る人も少なくありませんでした。先述したように、「地下室をつくって、そこで厳しい訓練・矯正をしているのではないか」などの噂もあったそうです。

姉妹校をボストンに開校

その後、キヨは講演で世界各国を飛び回るようになりました。そんな中、1987（昭和62）年にもう一つの大きな契機が訪れます。自分を最初に見いだしてくれたケーガン博士の協力を得る形で、アメリカのマサチューセッツ州ボストンに、「ボストン東スクール」を開校したのです。当時、すでに本園の「生活療法」は世界的に広く知られる存在となっており、海外の多くの保護者たちの期待に応える形での開校だったと聞きます。開校にあたってはキヨが校長を務め、ケーガン博士が理事長に名を連ね、日本からも多くの職員が派遣されました。

「ボストン東スクール」は、3歳から21歳までのASD児のために開校しました。当時の在籍児童生徒数は60余名で、アメリカ国内だけでなく、世界各国から子どもたちが集まってきました。それほどまでに、本園の「生活療法」は世界的に名を轟かせていたのでしょう。

ボストン東スクール

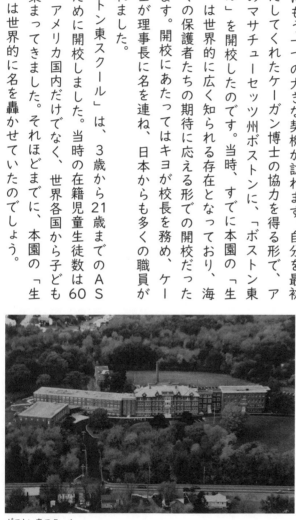

一方、日本とアメリカでは法律・制度や文化・風土が異なり、スタッフ間の言語の壁もあるため、学校の運営は一筋縄ではいかない部分も多々あったと聞きます。それでも、「ボストン東スクール」の実践は世間的にも高く評価され、１９９７（平成９）年には全米特殊教育認定委員会より「優良校認定」（全米で７校目）の栄誉も受けました。さらにマサチューセッツ州の教育庁が同校の教育成果に着目し、公的な財政支援の対象校となりました。２０２３年現在、同校には１７０余名の児童生徒が在籍し、北原キヨが開発した「生活療法」に基づく教育プログラムが展開されています。

なお、「生活療法」の訳語である「Daily Life Therapy®」は、商標登録もされています。

系列の小学校、中学校が開校

武蔵野東幼稚園の創立とともに始まった「混合教育」と「生活療法」は、系列校である武蔵野東小学校、武蔵野東中学校においても継承されており、校種間の接続を意識しながらカリキュラムや指導内容が構築されています。というより、そもそも小学校や中学校がつくられたのも、「武蔵野東幼稚園を出た後に通える学校をつくってほしい」という保護者たちの切実な声を受けてのものでした。

　本園ができた当初、本学園にはまだ系列の小学校がなかったため、卒園した子どもたちの多くは地域の公立学校へと通うことになりました。ところが、多くの子が小学校での生活に馴染めず、「退行現象」を起こしたのです。生活や遊びを軸に子どもの主体性を引き出す本園の教育と、規律を重視する小学校教育との間に大きな隔たりがあることを考えれば、想定された事態ともいえます。

　次第に、小学校にいくことができなくなり、本園へ戻ってくる子も出始めました。そのために本園では一時期、学齢期の子どもを猶予する形で預かっていました。そうした状況もあって、「小学校をつくってほしい」という声が、保護者から強くあがりだしたのです。

　キヨは保護者たちの熱意に押され、小学校を設立することを約束しました。とはいえ、小学校の設立は幼稚園とはくらべものにならないほど難儀です。ようやく用地を取得し、認可を得た段階では、地元住民から反対運動を起こされたこともありました。

　そうした紆余曲折を経て、1977（昭和52）年に武蔵野東小学校が開校しました。そして、その1期生が卒業する1983（昭和

開校まもない頃の武蔵野東幼稚園

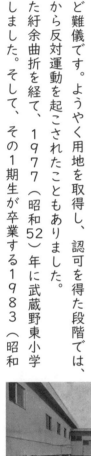

58）年には武蔵野東中学校が開校しました。さらに、1986（昭和61）年には、「絵画」「陶芸」「体育」などの専門コースを設置する武蔵野東技能高等専修学校（現在は武蔵野東高等専修学校）が開校するに至りました。

系列の中学校を卒業したASD児の多くは、この高等専修学校に進学し、その後、社会的自立をはたします。

一方、通常クラスの生徒は他の普通科高校へと進学します。しかし、先の章でも述べたように、学校社会での障害児への意識に違和感を覚えて「東帰り」をする生徒が少なくありません。こうして見ても、本学園と一般社会との間に、多様な人との関わり方という点で大きな隔たりがあることが分かります。

第４章
武蔵野東幼稚園の保育を支えるＩＣＴの活用

昨今、小中学校では「GIGAスクール構想」の推進により、ICTの活用が積極的におこなわれています。幼児教育におけるICT導入については、園による差が大きいですが、本園では教育・保育の充実、保護者との連携、教員の資質向上などのために、かなり以前からICTの活用を進めてきました。この章では、具体的にどのようにICTを活用しているのかを解説していきたいと思います。

ICTはあくまでツールにすぎない

コロナ禍以降、小中学校では児童生徒に一人一台ずつデジタル端末が配備され、これを受ける形で最近は高校でも端末の整備が進んでいます。また、EdTech（エドテック）と呼ばれる教育系のデジタルサービスも数多くリリースされるなど、教育界において「ICT」や「DX（デジタルトランスフォーメーション）」は、ここ数年の大きなトレンドになっています。

本園のICT化について言えば、コロナ禍よりもはるか以前の2013年にiPadを導入するなど、積極的に推進してきました。また、同年には職員に一人一台ずつパソコンを配備し、教育・保育の充実や業務の効率化を進めてきました。

とはいえ、ＩＣＴはあくまで「ツール」「手段」にすぎないというのが、本園職員たちの共通認識です。職場では、何か新しい機器やアプリが入るとそれを使うことが「目的」と化してしまうことが珍しくありませんが、その点は十分に注意をしています。

前提として、子どもは自らの興味・関心に基づき、周囲の環境と関わりながら成長していきます。環境には「ひと」「もの」「こと」「ば」などがあり、デジタル端末は「もの」の一つとして位置づけられるものであり、その前提を忘れてはなりません。

さらにいえば、紙媒体の単なる「置き換え」「代替」にとどまっているようなら、ＩＣＴを活用する意味はないと考えています。デジタル化によって、教育・保育の充実が図られたり、教員の指導力が向上したり、保護者や同僚職員との連携がとりやすくなったりすることによって、初めてＩＣＴを活用する意義があるという認識です。

また、職員間のコミュニケーション、保護者とのコミュニケーションにおいて最も大切なのは、あくまでも直接的な「対話」です。特に保育・教育に関するコミュニケーションでは、口頭での対話が不可欠と考えています。そのためＩＣＴが導入されたからといって、対話の質や量が低下しないように留意しています。

教育・保育においては「三項関係」の下で活用

ＩＣＴを活用する最大の理由は、保育実践の充実を図ることができるからです。そうした考えに基づき、本園が子ども用のｉＰａｄを導入したのは２０１３年のことでした。恐らく、他の園にくらべてもかなり早いほうだったと思います。とはいえ、導入当初はどのように活用すればよいか、試行錯誤の連続でした。そうして10年以上にわたって活用を進める中で、デジタル端末の活用において気をつけるべきポイントが見えてきました。

まずＡＳＤ児が利用する場合、本園で最も注意しているのは、端末・子どもの「二項関係」にしないことです。必ず、そこに教員が加わり、端末・子ども・教員の「三項関係」で活用するようにしています。

ｉＰａｄを渡せば、子どもによっては延々と使い続けます。例えば、ＹｏｕＴｕｂｅを開いて興味・関心のある動画を再生すれば、関連する動画が候補として

教員に見守られながらiPadを活用する子ども（iPadから流れる「となりのトトロ」の音楽を聴きながら、トトロの絵本を読む活動）

出てきます。その動画を再生すれば、さらに関連する動画が候補として出てきます。そうして、際限なく動画を視聴し続けることになってしまうのです。

もちろん、子どもが何かに夢中になること自体を否定するわけではありません。ただ、この時期の子どもは興味・関心を広げていくことも大事です。特にＡＳＤ児は特定の対象に強いこだわりがあるため、関心の対象を広げていかないと、その後の社会生活に影響してきます。そうしたことから、子どもがｉＰａｄを活用する際には必ず教員がかかわり、「三項関係」をつくるように工夫しています。

ＩＣＴが効果的な場面とそうでない場面

ｉＰａｄの導入から10年以上が経過したことで、ＩＣＴの活用が効果的な場面とそうでない場面も明らかになっていきました。安易にｉＰａｄを活用すれば、子どもの成長が阻害される場面もあるため、十分に注意をしています。

例えば以前、通常クラスで廃品素材を使って自分達でロープウェイをつくろうとしたときのことです。ある子が、発着駅がどうなっているかをネットで調べようと言いだしました。そこで担任はｉＰａｄをもってきたのですが、あいにくバッテリーが切れていて使えない状況でした。仕方がなく充電をすることにしたのですが、待ちきれない子どもたちはその間に、大人が思いも寄らないような発着駅をつくりはじめたのです。しばらくしてｉＰａｄが充電できたので、担任が「見てみる？」と聞くと、子どもたちは「自分たちで考えるからいい」「考えたほうがおもしろい」と言いました。そうして完成したロープウェイの発着駅は、実に独創的なものとなりました。

このとき、もしｉＰａｄがバッテリー切れを起こしていなければ、きっと子どもたちはネット上の画像を忠実に再現しようとしたはずです。たまたまｉＰａｄが使えなかったことから、子どもたちは自由な発想の下、独創的な作品を完成させました。

インターネットにつながったデジタル端末を使えば、何でも調べられます。自動車、電車、船などの乗り物、ビルやタワーなどの建物、カブトムシやバッタなどの虫、ひまわりやタンポポなどの花……。いずれもネット上には見本となる画像があふれかえっています。これらの画像を検索すれば、世の中のさまざまなものを見ることはできますが、それはときに子どもの想像力や創造力を奪うことにもなりかねません。本園ではそうした認識を職員間で共有した上で、子どもにｉＰａｄを活用させるようにしています。

一方、端末の活用が効果的な場面もたくさんあります。例えば以前、「生き物の声を聴く」という取り組みをしたときのことです。子どもがコオロギを捕まえてきたのですが、あいにく鳴いてくれません。コオロギは夕方か夜にならないと、鳴かないからです。どうしたものかと考えたとき、「iPadで調べてみよう」という話になりました。早速、ネットで調べると、すぐにコオロギが羽を震わせながら鳴く動画が見つかりました。子どもたちはiPadにかじりつき、その様子を興味津々に眺めていました。このように、実際にはなかなか見られないものや聞けないものを確認する際には、ICTが役立ちます。

また、身体を動かしたり、ダンスを踊ったりする健康や表現にかかわる活動では、iPadが役に立ちます。以前、なわとびの「二重跳び」がなかなかできない子がいたとき、ある友達が見本を示してくれました。その様子をiPadで動画撮影して確認すると、「跳んだとき、ひざは曲げてないんだね」「手の位置は、思ったより下のほうなんだね」などと多くの気づきを得ることができました。

ASD児への支援においても、ICTが役立つことが少なくありません。例えば、着替えの時間が分からない子に、端末で時間を表示して目安を示したり、視覚が優位な子が歌を歌うときにイラストを見せたりすると、活動がスムーズに進むことがあります。

また、ASD児は「模倣する力」に弱さがあります。通常クラスの子と違って「友達の真似をしながら学ぶ」ことができないケースが多いのです。そうした場合、例えばタブレット端末で活動の様子を動画に撮り、それをその子に見せるなどすると、画面の中の自分に興味を示すこともあります。また、動画を繰り返し見ることで、模倣がしやすくなることもあります。

繰り返しになりますが、ICTは「ツール」「道具」の一つにすぎません。その意味では、絵本や図鑑などと同じです。子どもたちには、身の回りにあるさまざまな教材の中から、最適な手段としてデジタル端末を含め、選び活用できる力をつけてほしいと思っています。

教員研修において画像・動画を活用する

ICT化が進む以前、本園では子どもの様子を文章で記録していました。もちろん、文章にはその文章のよさがありますが、記録のし方によって個人差が出ます。また、書かれた文章記録をどう読み取るかも人によって違います。要は、文章記録だけでは子どもの捉え方にずれが生じてしまうのです。

また、指導要録の所見文などは、担任が書いて主任が添削するという流れでおこなわれてきましたが、それでは指導「する側」と「される側」の関係性ができてしまいます。これだと、子どもの見方が一面的になってしまうことがあります。

そのため、本園では10年以上前から、子どもの様子を記録する際は、画像・動画を活用するようにしました。日々の園生活はもちろん、行事などでも積極的に画像・動画を撮影し、教員研修でそれらを使って話し合った上で、記録を作成するという流れです。研修は「KJ法」と呼ばれる方法で進め、数名のグループで画像や動画を見て、気づいたことを付箋に書き、模造紙に貼り付けていきます。

この手法であれば、教員間の上下関係は発生しません。ベテランが書いた付箋も若手が書いた付箋も、同じ一枚として扱われます。経験豊富なベテランだからこそ気づけることもあれば、若手や新人のフレッシュな目だからこそ気づけることもあるので、研修をおこなう際はこうしたフラットな関係性が非常に重要です。そうして多面的に子どもを見ることができれば、次の段階としてどんな声掛けや支援が効果的なのかについても多様な意見が示され、教育・保育の引き出しが増えていきます。

難しいのは、どんな場面を画像・動画に残すかです。小型デジカメやスマホを使って、ただやみくもに撮ればよいという話ではありません。大切なのは、「子どもの成長」が感じられる場面を的確かつ丁寧に切り取ることです。そうすることで、教員研修はより実りのあるものとなります。

撮影の指標となっているのが、幼児教育の研究者であるマーガレット・カーの「子どもの学びを見つけるヒント」です。具体的に、次の6つが示されています。

①子どもが「安心」「安定」しているとき
②何かに興味を持っているとき
③夢中になっている・没頭・熱中している（じっくり取り組んでいる）とき
④チャレンジしている（乗り越えようとしている）とき
⑤（自分で・人と）表現しているとき
⑥役割を果たしているとき

本園ではこの①～⑥が書かれたプリントを全教員に配付しています。教員によっては、そのプリントを手帳に挟んでおいたり、机の上に貼っておいたりしています。そして、この①～⑥の姿が見られた場合は、積極的に画像・動画に収めるようにしています。

ＩＣＴを活用した職員間の連携

教員の資質向上だけでなく、職員間の連携を図る際も、ICTを活用しています。とはいえ、ここでも一番大切にしているのは直接の対話です。そのため、第2章でも紹介したように、学年ごとのケース会議を毎日、少人数クラスでのケース会議を週1回、いずれも対面で開催し、情報の共有を図っています。そして、これらケース会議で出された情報はクラウド上に報告書として残し、いつでも見返すことができるようにしています。

報告書のフォーマットは特に決まっていませんが、A4サイズ1ページに収まるよう、コンパクトに記録するようにしています。作成はGoogleドキュメントを利用しています。クラウドで共有し会議中に発言をしていない職員が交互に入力していくため、会議が終われば記録が出来上がります。

その他の記入事項としては、以下のようなものがあります。

○遊びの環境…子どもの間で流行っている遊び、遊具などの状況など
○混合教育について…交流中の出来事など
○連絡情報…前の月の振り返りなど
○園児の情報…個々の園児に関する所見、出来事など
○朝礼・終礼…話題になったことなど

こうした情報をクラウド上に残しておけば、業務のいろいろな場面で役立ちます。例えば、1年前の同時期の報告書を見れば、その時期にどんなことをしていたかが分かり、行事の準備などを計画的に進めることができます。また、特定の子どもに関する所見や保護者とのやり取りなどを見返すことで、適切な支援の在り方を検討することもできます。

報告書以外のさまざまな文書も、基本的にクラウド上で保存・管理をしています。保存・管理においては、一人ひとりの職員がすぐに目的のファイルを見つけられるよう、誰もが分かるようにフォルダ分けをしています。こうした管理のし方は他の幼稚園とさほど変わらないとは思いますが、さまざまな情報を正確かつ客観的にファイルに残していくことは、教育・保育の充実を図る上で欠かせないことだと考えています。

保護者連携におけるＩＣＴの活用

保護者との連携を図るツールとしても、ＩＣＴはとても有効です。例えば、教員が撮影した画像・動画は、保護者会でも活用しています。運動会や造形展（園まつり）などの大きな行事の前に開催する保護者会では、教職員が撮影した画像や動画をスクリーンに映し出し、子どもが何を学んでいるか、どんな風に成長しているかを説明します。言葉だけで説明するよりもはるかに説得力があるようで、保護者の皆さんはどなたも熱心に聞いてくれます。

本園では、こうして画像や動画を活用するようになってから10年以上が経ちますが、多くの職員が「研修もやりやすくなったし、保護者との情報共有もしやすくなった」と話します。今では「画像・動画を積極的に残そう」という意識が職員間に浸透し、一人ひとりの撮影スキルも着実に高まっているように感じます。

保護者会だけでなく、日々の連絡ツールとしても、ＩＣＴを活用しています。かつての「園だより」「学級便り」は全てデジタル化し、「おうちえん」というアプリを活用してＳＮＳのような形で情報を発信しています。

動画を活用した保護者会

具体的には、各クラスの担任が月４回を目安に、園での出来事などを画像＋テキストの形式で投稿しています。「月４回」と目安を定めているのは、クラスによって投稿数にばらつきが出ないようにするためです。一定の制限をかけることに賛否はあると思いますが、昨今は「働き方改革」も進んでおり、全体のバランスを考慮した上で本園では「月4回」と設定しています。

このアプリでは、投稿は閲覧できる人を制限することができます。クラスの保護者だけ閲覧可にすることもできますし、園の保護者であれば誰でも閲覧できるようにすることもできます。また、閲覧制限を設けず、園外の人も含め誰もが閲覧できるようにすることも可能です。ただ、「クラスの保護者のみ閲覧可」の投稿ばかりになると、隣のクラスの様子や他学年の様子を知ることができません。その様子が伝わらないため、各担任には定期的に、園全体で閲覧可能な投稿をしてもらうようにしています。

投稿手順はほぼSNSと同じで、①画像を選ぶ、②テキストを入力する、③投稿ボタンを押すの3ステップで投稿できます。以前、学級だよりを発行していた頃は、ワードやパワーポイントなどを活用していました。ワードやパワーポイントのよいところは、レイアウトを自由にカスタマイズしたり、フォントを使えたり、図やイラストを入れたりできる点です。とはいえ、そうしたアレンジは凝り始めたらきりがありません。それこそ、ICTの「目的化」という罠に陥ってしまいかねないので、あらかじめレイアウトが決まっているアプリを使用することは、理にかなっているように思います。

投稿の際に選ぶ画像は多くの場合、先述した「子どもの成長が感じられる場面」が写ったものです。そして、画像に添える文章も、なるべく子どもの成長を伝えるようにしています。そうして子どもが成長する姿を伝えることで、保護者の安心感は高まります。投稿された画像を家族で見れば、親子間での会話も増えるでしょう。

ASD児の保護者の多くは、子どもが幼稚園でどのように過ごしているのか、ちゃんと過ごせているのか、何かと不安を抱えています。その意味でも、アプリを使って活動の様子を伝えることの意義は大きいと感じています。

教育活動の充実に向けて、業務の効率化を図る

昨今、学校教員の多忙化・過重労働が大きなトピックとなっていますが、それは幼稚園においても例外ではありません。言い換えれば、業務の効率化を図ることは、教育活動を充実させる上でも、人材を確保する上でも有効といえます。そうした観点から、本園でもICTを活用して業務効率化を図っています。

その一つは、保護者への情報提供です。前述したように、アプリの導入によって学級だよ

りの作成自体も省力化が図られましたが、それ以外の学年だより、行事報告などの作成も、簡単におこなえるようになりました。以前は媒体ごとに、写真を選んで文章を添えて……という作業が必要でしたが、「おうちえん」導入後はアプリの投稿から簡単に作成できるようになったのです。

先述した各クラス担任の投稿には、タグをつけています。タグとはその投稿の属性を表すもので、例えば「#運動会」「#園まつり」「#〇〇組」「#交流活動」などがあります。各投稿にこうしたタグをつけておけば、検索機能を使って特定の投稿や写真だけを表示させることができます。例えば、「#運動会」のタグで検索をすれば、運動会に関係する投稿・写真だけが表示されるのです。

そのため、例えば運動会の様子を伝える学校だよりを作成する場合や、運動会の様子を伝える張り紙をつくる場合、ゼロベースからつくる必要がありません。タグで検索して、そのままコピー＆ペーストをすれば完成です。

アプリでの投稿は、保護者会でも活用しています。保護者会で初披露したい写真がある場合は、公開日時を保護者会の開始時刻に合わせて投稿し、スマートフォンでそれを見てもらいながら進めることもできます。こうした場合も、わざわざ保護者会用のプリントを作成する手間は省けます。

校務・保護者との連絡ツールとしても活用

幼稚園におけるICT活用という点で、全国的に見て最も進んでいるのは校務だと思われます。本園でも、保護者との事務的な連絡ツールとして「バスキャッチ」というアプリを活用しています。

例えば、子どもが熱を出して欠席や遅刻をすることになった場合、保護者は時間を気にせずスマホから「欠席」や「遅刻」を選択して送信すると、その情報が本園に届きます。その情報は自動的にスクールバスにも伝達されるため、その日に誰がバスを利用するのか（しないのか）も分かります。

電話での連絡より保護者に好評ですし、私たちも能率が格段に上がりました。さらに指導要録の学籍記録を作成する手間も省力化されました。

本園では保護者会の案内、行事の案内、新学期の準備物、今月の献立など、以前はプリントでおこなっていた連絡の多くをアプリでおこなっています。送信先は、学年単位、クラス単位、スクールバス路線別、個人単位などで設定することもでき、重要なものは「開封確認」をすることもできます。紙で配っていた頃よりも確実に連絡が行き届くようになり、印刷の手間やコストもなくなりました。

もう一つ、意外と便利なのがアンケート機能です。例えば、インフルエンザが流行し始めた際には、健康確認のアンケートをとるなどして、今後の園運営の見通しを立てることができます。質問フォームも簡単にできますし、自由記述欄を設けることもできるため、行事後の感想などを寄せていただく際のプラットフォームとしても活用しています。

その他に「本日の給食」という機能があり、保護者が園から出されるその日の給食を画像で確認できます。もちろん、事前に献立表もお送りしていますが、この画像を見て夕食のメニューをアレンジしている保護者の方もいるようです。

保護者への連絡以外にも、例えば身体測定の結果などもアプリで管理することができます。測定結果は個人あるいは学年単位で集計してグラフ化することもでき、養護教諭が子どもたちの成長状況を把握する上で役立てています。

オンライン会議システムも積極的に活用

コロナ禍以降、全国各地で活用されるようになったのが、「Ｚｏｏｍ」に代表されるオンライン会議システムです。一部の自治体や学校では、学校と家庭をつないだオンライン授業がおこなわれたり、遠隔地の学校との交流学習がおこなわれたりしています。

本園でもコロナ禍を機に、「Ｚｏｏｍ」をフル活用するようになりました。例えば、毎朝の職員朝会は、第一幼稚園と第二幼稚園をオンラインでつなぎながらおこなっています。園長や副園長の話や各伝達事項も顔を見ながら聞けます。第一幼稚園と第二幼稚園は４００メートルほど離れていますが、Ｚｏｏｍを活用するようになってからは連携もとりやすくなりました。

行事でも、Ｚｏｏｍをフル活用しています。例えば、運動会ではＺｏｏｍにつながったカメラを５～６台用意し、職員がいろんな場所を回りながらライブ配信をしています。そうすることで、仕事の都合などで現地にこれない保護者や遠隔地に住む祖父母なども、運動会の様子をリアルタイムで観ることができます。また、ライブ配信した映像はアーカイブにも残すので、運動会が終わった後に家族みんなで子どもの感想を聞きながら観て、「よく頑張ったね」などと再度認めてあげることもできます。同じく園まつりや保護者会などにおいても、Ｚｏｏｍを使ったライブ配信をしています。

その他に、毎年開催している「ホームカミングデー」でもＺｏｏｍを活用しています。ホームカミングデーは、本園を卒業して小学４年生になった子どもたちが、園に戻ってきて旧交を温める行事ですが、卒園生の中には遠くへ引っ越してしまった子もいます。そうした子もＺｏｏｍを使えばオンラインでつながることができ、過去には海外から参加してくれた子もいました。

　このようにデジタル技術の進化により、幼稚園の在り方も大きく変わってきています。もちろん、新しいツールやアプリは使い方を覚える必要があることから、中には「面倒くさいな……」と思う職員もいることでしょう。でも、ある程度使いこなせるようになれば、教育・保育の充実、教員の資質向上、保護者との連携、業務効率化など、あらゆる側面からメリットがもたらされます。職員にはそうしたことも伝えながら、ＩＣＴの活用を広げていくようにしています。

特別コラム2

通常クラスの統括をする黒﨑知子教諭、少人数クラスの統括をする河井優子教諭の二人に、本園の教育・保育に寄せる思いを語ってもらいました。

あっという間に引き込まれていった

黒﨑知子（武蔵野東第一幼稚園・第二幼稚園　統括・総主任）

私はもともと小学校教員の志望で、大学を卒業後は東京都内の公立小学校で算数の補助教員として働いていました。そんな折、武蔵野東小学校のことを知って問い合わせたところ、「小学校の試験は終わったけど、幼稚園でよかったら」と言われ、本園の試験を受けて就職が決まりました。

実際に勤め始めると、子どもたちは本当に素直で愛らしく、初任の私にもくったくなく慕ってくれて、あっという間に幼稚園教員の仕事に引き込まれていきました。同時に「4～5歳の子どもでも、こんなにいろんなことができるんだ」と驚かされる毎日でした。

公立小学校に勤務していた頃、担当していた算数に対し、一つの正解にさまざまな解法でたどり着ける点に面白さを感じていました。幼稚園での教育・保育にも似たところがあって、同じ作品を作る場合でも、子どもたちは実にさまざまなプロセスを経ます。一人ひとりが自身の興味・関心に基づき、異なる視点、異なる道筋で、物事を深く考えながら制作していきます。美しい作品を完成させるのが目的ではなく、そうしたプロセスにこそ大きな価値があるというのも、本園で働き始めてから感じるようになったことです。

小学校に勤務していた頃は、子ども同士の関係づくりの難しさも感じていました。そのため、本園で多様な個性・特性の子どもたちが互いを受け入れ合いながら、伸び伸びと過ごしている姿は実に印象的でした。子どもは元来、周囲の子と仲良くなりたいとの思いをもっているので、泣いている子がいれば「どうしたら泣き止んでくれるだろう」などと相手の気持ちを考えようとします。そうした環境が幼児期からあることの大切さは、本園で働くようになったからこそ得られた視点だと思います。

お陰様で、本園は保護者の方々から高い評価をいただいています。ただ、そうした状況に安住することなく、「子どものために、もっと何かできることはないか」を常に模索していくことが大切だと加藤園長は言います。そのため、私自身を含む教員たちは、ときに園外に出向くなどして学び続けること、教育・保育の専門性・スキルを高めていくようことを意識しています。

生き生きと輝く子どもたちの笑顔に惹かれて

河井優子（武蔵野東第一幼稚園・第二幼稚園統括・特別支援教育コーディネーター）

私が初めて武蔵野東学園を訪れたのは、大学専攻科の頃です。当時、私は宮城県内の大学専攻科に在籍し、言語・聴覚の1種免許の取得を目指していました。いずれは公立学校の教員になろうと考えていたのです。ところが、本学園の子どもたちと出会って、考えが変わりました。ここで働きたい！　と思ったのです。

理由は、子どもたちが驚くほど生き生きとした表情をしていたからです。私自身、大学専攻科での実習などを通じ、ASD児と関わる機会が多くありましたが、日々感じていたのは「なぜ、どの子も自宅では明るくて元気なのに、学校ではどんよりして輝きを失ってしまうんだろう……」との疑問です。

それだけに、生き生きと過ごす武蔵野東学園の子どもの姿は衝撃的でした。もう一つ驚いたのは、ASD児だけでなく、通常クラスの子どもたちも実に生き生きとした表情で活動をしていたことです。教室の中にはごくごく自然な形で、子ども同士

が支え合う関係性がありました。

実際に働き始めると、大学や大学院で学んだこととは全く異なるアプローチで子どもたちと接することも多く、驚きの連続でした。大学時代の友人の中には、特別支援学校・学級の教員になった人もいますが、そうした人たちと情報交換をする中で、ギャップを感じることも少なくありませんでした。

すっかり、武蔵野東学園に惹かれた私ですが、その後は自分の息子も武蔵野東の幼稚園に入り、系列の小学校、中学校へと進学しました。学園には高校がないので、中学卒業後は別の高校に進みましたが、ある時「高校が、あんまり面白くない」とぼやいていました。中学までは、周囲にいろいろなタイプの子がいて、「どうやったら、一緒に上手にかかわれるのだろう」と考え続けてきた息子にとって、均質化された集団での日々には物足りなさがあったのかもしれません。

「この間、バスの中でずっとしゃべり続けている人がいたんだけど、同じ高校の友達が怖がっていたんだ。別に、普通のことだと思うんだけどね……」

息子のそんな言葉からも、武蔵野東学園が推進する「混合教育」が、目指している社会の在り方を垣間見ることができるように思います。

第5章
混合教育と歩んだ私の40年間
――小学校教員から幼稚園教員、そして園長に

私自身が武蔵野東幼稚園の園長に就任したのは、２００３（平成15）年のことです。当時は、「インクルーシブ教育」という言葉も世の中には知られていない時代でした。それから約20年が経ち、本園を取り巻く状況は大きく変わりました。

この章では、私が本園にきて40年間にわたって取り組んできたことを、自分の教員としてのキャリアを振り返りつつ、ご紹介していきたいと思います。

大学を卒業後、最初は小学校の教員に

私は１９６０（昭和35）年３月に東京都渋谷区で生まれ、幼少期は新宿区で過ごしました。幼稚園を卒園後は玉川学園の小学部に入学し、その後は中学校、高校、大学と、玉川学園で過ごしました。当時は受験戦争がし烈を極めた時代でしたが、私自身はその荒波をかぶることなく、少年・青年期をのびのびと過ごすことができました。

玉川学園といえば、「全人教育」の理念を提唱した創立者・小原國芳先生がよく知られていますが、私が高校３年までご存命で、直接に講話を聞き、また直接薫陶を受けられた先生方の中で育ちました。そうした日々の中で人を育てること、すなわち「教育」の大切さを心に刻み続けたためか、気がつけば教員を志すようになっていました。

当時、私の頭の中に浮かんでいた情景があります。それは森の中に佇む木造の小学校の校舎の窓が夜遅くまで煌々と灯っていて、そこで子どもたちのために一生懸命に教材の準備や丸付けをしている先生の姿です。別に私自身がその情景を見たわけではありませんが、母の話などを聞く中で、気がつけば教師に対してそんな尊い姿をイメージするようになっていました。そして、ごく自然な成り行きで玉川大学の教育学部に進み、そこで小学校教諭一種免許状と幼稚園教諭一種免許状を取得しました。ついでのように取得した幼免が、後に自分の運命を変えることになるとは、当時は思いもしませんでした。

大学を卒業後は、大学の先生に勧められるがまま、武蔵野東小学校の就職試験を受けることになりました。その面接で初めて創立者の北原キヨと会いましたが、面談の最後には彼女から「あなた、合格ね」と言われ、その場ですんなりと就職が決まりました。1982(昭和57)年のことです。武蔵野東小学校の開校からまだ5年目、人手不足もあったのだと思います。

そうして小学校教員となって最初に受け持ったのは1年生でした。当時の私は大学で教育工学(今でいうICT教育)を学んできたことから、当時の最先端の教育方法を試みたいと考えていました。ところが、武蔵野東小学校でおこなわれていた教育は、どちらかといえば旧来型の伝統的なものでした。そのため、当時の私は自分のアイデアを実践することができない日々に、どこか悶々とした思いを抱えていました。

しかしながら、日々子どもたちと接する中で、その考えは次第に変わっていきました。大切なのは地に足がついていること、そうした土台があってこそ、自分なりのカスタマイズが生きてくるということに気づいたのです。

例えば「プリン・ア・ラ・モード」は、核となるプリンのクオリティが低ければ、いくらアレンジが素晴らしくても美味しくありません。それと同じで、幼児教育も「ア・ラ・モード＝最新の流行の」ばかりを追求しても、決して実りあるものにはならないことに気づいたのです。まずは組織にとって役立つ人間にならなければ、自分の思いを形にすることは難しいということも痛感しました。

急転直下の異動で、幼稚園教員に

私が着任した当時、すでに武蔵野東小学校は「混合教育」を実践していました。そのため、担任をする1年生のクラスにはＡＳＤ児が4人いました。でも、当時の私はＡＳＤについて何も学ばずにきたこともあり、先入観をもつことなく、ごく自然にその子たちと向き合うことができました。

もちろん、ときに衝動的な行動を起こし、周囲を困らせるような子はいました。当時の小学校には、幼児期に適切な働きかけが得られず、ＡＳＤの特性が強く知的な遅れや言語発達の遅れを伴う「カナータイプ」といわれるＡＳＤ児もいました。でも、当時の私はそれをそのまま受け止め、子どもたちと共に一つ一つ乗り越えながら過ごしていました。決して授業がうまいわけでもなく、教師としては未熟な部分も多々ありましたが、「子どもたちと自然体で過ごす」ことはできていたように思います。

当時の武蔵野学園は、設立からさほど長くなかったことから、教育界の中では「ベンチャー企業」のような位置づけでした。給料も決して高くはなく、先輩の中にはそのことを嘆く人もいました。ただ、私自身は教師という立場で子どもたちとかかわれることが何よりうれしく、毎日が充実していました。自分自身が頑張れば武蔵野東の教育がさらに認められるようになる。そうすればきっと給料も上げられるに違いない。そんな楽観的な思いをもって日々の仕事に向き合っていました。

その後、２年目は２年生、３年目は３年生……という形で５年生まで持ち上がり、「いよいよ来年は６年生だ」と思っていた矢先に、創立者の北原キヨに呼び出されました。「あなた来年から、幼稚園ね。頼んだわよ」とのことです。３月の下旬、あと１週間ほどで新年度という差し迫った時期での急転直下の異動辞令でした。１９８６（昭和61）年のことです。

当時の幼稚園は、若い女性教員が結婚や出産を機に退職し、人が定着しない状況が続いていました。当時はまだ結婚・出産後に、女性が継続して働き続けるような状況が社会的にもできておらず、教員として高いスキルが身についた頃に辞めてしまうという残念な状況でした。男性である私に白羽の矢が立ったのは、そうした事情があったからだと思います。

周囲からは、その異動を「外された」と捉えて気の毒がる人もいました。学校の教員の中には、上級学校のほうが格上だと考える人も少なからずいるからです。でも、当の私自身は新しいフィールドでの仕事ができることが楽しみで、小学校教員としての経験を生かしながら頑張りたいと考えていました。

とはいえ、小学校とは教育に対する考え方、子どもに対するアプローチという点で異なる部分も多く、着任当初は大いに戸惑いました。私自身が「園舎主任」を任され、小学校から「下りてきた」立場ということもあり、どこか冷ややかに見られているような感じもありました。上司や年上の保育者とのコミュニケーションがうまくとれずに悩み、幾度となく「辞めたい」と思いました。

そうして苦悩する日々が2年ほど続いたある日、ボストン東スクール設立に向けて奔走していた創立者の北原キヨが始業式のために園にきたのです。もうそのときには疲労で彼女はすでに一人では階段も上がれないほど身体が弱っていました。私は傍らで腕を支え階段で転ばぬようにサポートをしました。すると突然、私を見てこう言ったのです。

「努力は、実るものだね」

言葉の真意は定かではありません。でも、幼稚園教員としての仕事に悩み続けていた当時の私は、それまでの努力がどこか報われたような気がしました。そして、それが北原キヨと交わした最後の言葉となりました。

創立者の死去により、園の指揮を任されるように

その約1週間後、北原キヨは突然、息を引き取りました。ちょうどその日は、新年度に向けた保護者説明会の開催日でした。それまで本園の詳しい説明は園長である北原キヨが担っていました。私は園舎主任とはいえ園の経験はまだまだ3年目の司会役でしたから、突然の訃報に私も教職員も混乱しました。

保護者説明会を約4時間後に控え、もちろん今さら中止・延期をするわけにはいきません。本部からは、園長の逝去にはふれずに説明は北原キヨに代わって私がおこなうようにとの指示があっただけでした。

約4時間後におこなわれる保護者説明会に向けて、私は必死で北原キヨの著書などを読み漁りました。今思えば、人生であんなに頭をフル回転させたことはなかったように思います。本園の教育理念から、「混合教育」や「生活療法」の具体的内容など、片っ端から頭に叩き込

みました。本番では何とか代役を果たすことができたのではないかと思います。当時、私は29歳。今思えばこの経験はとても大きいものでした。

その後、私は園長に近い立場で、幼稚園の運営に関わるようになりました。園のカリキュラムや行事などについて、私自身が指揮・監督する機会も増え、その責任は年を追うごとに大きくなっていきました。幼稚園教員の多くは、保育実践や行事段取りの「調整」をするのは得意でも、大局的な方針などを「決定」する立場ではないので、臆する人が多いものです。そうした中で若い頃から「決定」する機会を得て、経験を重ねられたことは、とても幸運だったように思います。

とはいえ、当時はまだ30代前半。業界全体から見れば若手〜中堅の部類で、保護者の多くも自分よりも年上でした。そのため、どうすれば実年齢より上に見てもらえるだろうか、どうすれば貫禄が出せるだろうかなどと、妙な背伸びをしつつ職務に当たっていたようにも思います。

その後、1998（平成10）年には主事（副園長）になり、2003（平成15）年に園長になりました。それ以前からすでに園全体を統括するような立場だったこともあり、晴れて園長という役職に就いたことで、意思決定はよりスピーディにできるようになりました。例えば、天候が微妙なときに運動会や遠足の実施・中止を判断する際、以前のように園長にお伺いを立てる必要はなく、その場で即決できるようになったのです。私自身が「聞いてみるから、ちょっと待って」と言うことがなくなり、仕事が格段にやりやすくなりました。

保護者と教員が共に学ぶ会をスタート

私は園長になる前の1991（平成3）年から、保護者を対象とした「幼児教育学習会」というイベントを開催してきました。私自身が学んできた幼児教育に関する事柄を保護者の方々に向けて紹介するというものです。

幼稚園に赴任した当初の私は、幼稚園の教員免許こそ所持してはいたものの、決してその道のスペシャリストというわけではありませんでした。そのため、専門書を読んだり、講演会に参加したり、研究会に参加したりするなどして、専門性を高めました。当時は見ること聞くことの全てが新鮮で、自身が学んだことを広く保護者の方々にも知ってもらいたいと考え、学習会を開催することにしたのです。毎回、150名ほどの保護者が参加し、熱心に私の話を聞いてくれました。

参加してくれた保護者からは、「子どもについてより深く理解できました」「子への見方が変わりました」などの言葉が寄せられました。そうした保護者自身の変容は、きっと日々の子育てにも生かされていると思います。

この「幼児教育学習会」は、「先生たちの発表会」と名を変えて現在でも開催し続けています。ただ、園長である私が説明する機会は減らし、なるべく保育者たちに説明をしてもらうようにしました。そうして保育者が説明をしたほうが保護者との距離も縮まりますし、保育者自身の成長にもつながると考えたからです。

その後、保護者への発表に向けて、園内で教員たちによる研究部をつくりました。そして、研究活動を進めるにあたり、「五つの約束」を定めました。

保護者への還元……年度末には必ず保護者（地域の方を含む）に向けて発表をする

単年度完結……一年単位で完結することを前提とする。（教員の異動もあるので）

オリジナリティ……現在の保育実態に即した、本園ならではのテーマを設定する

分かりやすいプレゼン……研究活動の内容や結果は、誰にでも分かるようにまとめる

「先生たちの発表会」で保護者に向けてプレゼンする本園の教員

明確なテーマ設定……研究テーマは、抽象的なものにはせず、明確で具体的なものにする

こうした研究活動を通じ、教員たち一人ひとりの力も着実に高まっていきました。また、保護者の方々にも、本園の教員たちが専門性を高めるべく切磋琢磨している様子が伝わり、信頼も高まりました。

当時、ある保護者の方が、「こうした取り組みができることは、園として素晴らしいことだと思います。先生方にとっては少なからず負担を感じていることかもしれないけど、きっと一人ひとりの大きな財産になると思います」との言葉を寄せてくれました。この言葉は、多くの教員にとって大きな励みとなりました。

脚光を浴び始めた本園の取り組み

私が園長になって数年後のことです。子どもたちの間で、割り箸や輪ゴムなどを使って「水上を移動する船」をつくる遊びがブームになっていました。子どもたちは夢中になって作業に没頭し、驚くようなアイデアが次から次へと、同時多発的に生まれました。その光景は鳥肌が立つほどに実に忘れがたいもので、子どもの可能性は無限に広がっているのだと身をもって痛感した瞬間でした。

その取り組みの様子や過程をペーパーにまとめ、東京大学の教授であり発達心理学や保育学の大家でもある秋田喜代美先生にお見せしたところ、ソニー教育財団が主催するコンテストに出してみたらどうかとご提案をいただきました。その後、この実践記録をまとめてコンテストに出したところ、「優良プロジェクト園賞」を受賞することができました。私が園長になって6年目、2009(平成21)年のことです。本園の取り組みはASDの子どもへの教育に加えて、混合教育(インクルーシブ教育)、そして、定型発達の幼児教育という三つの側面から以前よりも広く知られるようになり、著名な研究者の方が来園される機会も増えていきました。

以前、幼稚園教育における全国的な潮流は、いわゆる「知識・技能」の部分を伸ばし、小学校への円滑な接続を図るというものでした。一方で、本園の「混合教育」に代表される取り組みの数々は、ASD児と定型発達児が遊びと生活を通じて、子どもたちの今でいう「非認知能力」を伸ばすことに主眼が置かれていました。そのため、どちらかといえば「亜流」と捉えられていましたが、この頃から少しずつ潮目が変わってきたのを感じていました。

ちょうどその頃、OECD(経済協力開発機構)が非認知能力の重要性を謳い、文部科学省が幼児教育の無償化に向けて動きだすなど、幼稚園を取り巻く状況は変わりつつありました。それまで私たちが取り組んできた「混合教育」や「生活療法」が、実はグローバルスタンダードな視点からも軌を一にしているのではないか、私自身がそんな思いを抱き始めたのもこの頃でした。

50周年記念事業として園庭を大改修

私が園長になって手掛けたことの一つが、園庭の改修です。以前、本園の園庭は小学校の校庭のような感じで、少しの遊具があるだけのただ広い空間でした。でも、子どもたちが楽しく夢中になって遊ぶためには、秘密基地的な「お篭り感」のある空間もあったほうがよいと考えたのです。

例えば、「鬼ごっこ」は100メートル四方のグラウンドでおこなうと、あまりに遠い距離を走らねばならないため、子どものモチベーションは上がりません。そうしたフラットな広さというのは、子どもが楽しく遊ぶ上でさほど意味がないのです。

そこで、まずは園庭の片隅に「パーゴラ」と呼ばれる空間をつくりました。木の柱を使ったキューブ状の小さな空間で、上下左右にツタを這わせて緑で覆い、中央に机を置いて子どもたちが作業などをできるようにしたのです。私の目論見は大当たりで、パーゴラはいつも子どもたちが集まる人気の空間となりました。

ちょうどその頃、横浜市にある川和保育園の園庭が注目を集めていました。まるで森の中にあるような空間で、園庭には地下水をくみ上げた小川が流れ、うっそうとした木々を利用して、子どもたちはそこで実に生き生きと遊んでいました。教職員と共に川和保育園を訪れた私は、「子どもの成長」という観点から、園庭環境の強い力にふれて、その在り方を再定義する必要があるのではないかと考えました。

ちょうどその頃、学園が創立50周年を迎えるタイミングでもあり、その記念事業の一環として園庭の大改修もおこなうことにしました。その後、職員間でワークショップをおこない、「園庭とは何か」「園庭が果たす役割とは」という根本的な部分から問い直し、「走る」「作る」「探す」「見る」など、さまざまな活動の要素を抽出しながら、アイデアを出し合いました。そうしてラフスケッチを描き、設計者とも話し合いながら、全く新しい園庭の設計図をつくりあげていきました。

本園に設置された「パーゴラ」

設計者にオーダーしたことの一つは、いろいろとカスタマイズができる園庭にしてほしいという点です。井戸を掘ったり、池をつくったり、植物を植えたり、その時々のタイミングで教員たちが改良を加えられるような園庭を目指しました。

今、園庭の改修が終わって10年以上が経ちましたが、実際に園庭は年を追うことに改良が加えられ、子どもたちがより楽しく遊び、成長できるような空間に進化し続けています。以前は園庭の在り方を考えたことなどありませんでしたが、「当たり前」を問い直すことの大切さを痛感したものです。

一方、「安全」や「無事故」を重視すれば、園庭は何もないグラウンドのほうがよいとの見方もできます。もちろん、安全確保は大事ですが、幼児期の子どもは大人が目を見張るような成長を遂げる時期だけに、リスク回避ばかりを優先すれば大きな成長のチャンスを失うことにもなります。だからこそ、安全面には十分に配慮しつつ、子どもたちの主体性を引き出せるような場を整えていくこと

本園の園庭

が大事だと私は考えています。

学術的・公的にも高い評価を受けるように

2013年のある日ことです。文部科学省で特別支援教育を担当する教科調査官から「本園を視察したい」との連絡がありました。そしてその後、視察に訪れた調査官の方から、「文部科学省でインクルーシブ教育システムの研究校を募集しているので、応募してみませんか?」と打診をされました。

その当時、すでに武蔵野東幼稚園の「混合教育」は広く全国に知られ、ASD児のご家族が国内外、全国各地から引っ越しをして集まってくる園ではありましたが、本園は私学である上に、国が推進してきた幼児教育の「本流」とは決していえなかったことから、文部科学省からそんな打診を受けるとは思ってもいませんでした。

そうして2013(平成25)年度から3年間、文部科学省から「インクルーシブ教育システム構築モデル事業」として研究委託を受け、実践研究に取り組むことになりました。そして多くの有識者の方々が本園を訪れ、調査や分析などを通じてその価値づけをしてくれました。

例えば、文部科学省のインクルーシブ教育においては、「合理的配慮」や「基礎的環境整備」などの概念が示されていました。第3章でも述べましたが、「合理的配慮」とは、障害のある子どもが他の子どもと平等に「教育を受ける権利」を享有・行使することを確保するために、学校の設置者及び学校が必要かつ適当な変更・調整をおこなうことを指します。また、「基礎的環境整備」とは、そのためにおこなう環境整備のことです。いずれも難解な専門用語に聞こえますが、いずれも本園がごく当たり前に実施し続けてきたことです。

委託研究では、特別支援教育の専門家の方々が、本園の一つ一つの取り組みをそうした概念から切り分け、整理してくださいました。私学として独自に取り組み、進化させ続けてきた数々の取り組みが、こうして学術的・公的に確かな評価を得られたことは、私にとって感概深いものでした。

現在は、秋田喜代美先生を中心とする研究会にも加わり、さまざまなアドバイスを受けながら、保育実践のさらなる充実を図っています。この研究会には、他のいくつかの幼稚園や保育園の方々も参加しており、本園の取り組みを広く知っていただくと共に、他の園の実践から多くのことを学ばせていただいています。研究会に私が参加してからすでに8年目を迎えますが、毎回楽しく情報交換をさせていただいています。

本園には国内外、全国各地から、多くの関係者からの視察も多いのですが、2022(令和4)年には、当時の文部科学大臣である末松信介氏が訪れ、本園の「混合教育」や「生活療法」を熱心にご覧になられました。議員の方や教育行政の関係者、研究者の方々なども、頻繁に訪ねてこられます。

私が幼稚園にきてから37年、園長になってから20年がたちますが、その間に本園を取り巻く状況は大きく変わりました。ただ、私たちが実践してきたことの根幹となる部分は、何も変わっていません。それは子どもたちの可能性を信じ、一人ひとりに寄り添いながら、最大限の成長を引き出すべく環境調整を含めて最適な支援を図るということであり、そのことはこの先もずっと変わることなく、追求し続けていくであろうと考えています。

第6章
多様化する日本社会の未来と教育システムの在り方

本書ではここまで、「混合教育」と「生活療法」を中心に、本園が展開している教育・保育実践について紹介をしてきました。そうした内容を踏まえ、最終章となる第6章では少し俯瞰的な視点から、日本の幼児・学校教育やインクルーシブ教育における今日的課題、今後の展望などを述べていきたいと思います。

インクルーシブ教育は「システム」である

本書ではこれまで、「混合教育」と「生活療法」について、具体的な実践内容について紹介してきました。しかしながら、先の章でも書いたように、誰にでもすぐに真似できるマニュアル的な内容にはなっていません。子どもが一人ひとり異なる個性や特性をもつ中で、通り一遍のマニュアル的な対応をすれば、そこには必ず歪みが生じるからです。

教師は、つい正解を求めがちです。「子どもがこう行動したときは、どう対応すればよいのだろう」「保護者からこう言われたら、どう返せばよいのだろう」などと悩み、正しい対応方法を求め、書籍やネットなどで情報を求めます。もちろん、そうした情報が全て無意味だというつもりはありませんし、少しでも望ましい対応をしようと考えること自体は大切なことです。しかしながら、安易に正解に飛びつこうとすれば、ときに傷口を広げてしまうことともあるので注意が必要です。

大切なのは、一人ひとりの子どもや保護者としっかりと向き合い、その時々の状況に合わせて個別に対応していくことです。本書で述べてきたことは、対応における「視点」として捉えていただきたいと思います。


日本の教育界に「インクルーシブ教育システム」という言葉が登場して、すでに10年ほどが経ちますが、この言葉に「システム」がついていることの意味とは何でしょうか。端的にいえば、インクルーシブな教育を実践する際には、学校や幼稚園がそれぞれの実態に即し、独自のシステムを構築していく必要があるということです。

「インクルーシブ教育」という言葉だけでは、あたかもそうした教育手法があり、それを自園・自校に「コピペ」すればよいような印象を与えてしまいます。だからこそ、「システム」という言葉が使われているのであり、１００の幼稚園・学校があれば、１００通りのインクルーシブ教育システムが存在するのです。

インクルーシブ教育システムには、「共生社会」というゴール地点があります。大切なのはその実現に向けてどんな教育のシステムをデザインしていくかです。一人ひとりが多様性を尊重しながら暮らせる社会を創るために、一人ひとりが何をすべきかを追求し続けることが大事だと考えています。決してインクルーシブ教育システム自体が目的化してはいけませんし、その意味でも安易に正解を求めてはならないと考えています。

安易な「インクルーシブ」にはリスクがある

インクルーシブ教育システムは、よく「障害のある者と障害のない者が共に学ぶ仕組み」と説明されます。この言葉が最初に知られるようになった中央教育審議会の報告「共生社会の形成に向けたインクルーシブ教育システム構築のための特別支援教育の推進」においても、そのような記述が見られます。もちろん、「共に学ぶ仕組み」であることに異論はありませんが、この言葉を通り一遍に受け取ってしまうことにはリスクがあると考えています。

もし、本質を捉えることなく「共に学ぶ」ことのみを目的化してしまえば、障害のある子もない子も、とにかく同じ空間に放り込んでしまえという話になりかねません。実際に、そうしたケースも散見されます。幼稚園においても、例えばASD児を通常クラスに入れ、補助員を何の見通しもないままお世話係のように付きっきりで援助をしているような例があります。それではただ「混合」しているだけで、子どもの自立や成長を引き出せませんし、その先に「共生社会」もありません。それこそ、「インクルーシブ教育」が目的化してしまっているような例といえます。同じような状況は、小学校においても少なからず生じているのではないでしょうか。

保護者の中には、わが子に障害があることを受容できない人もいます。そうした人たちからすれば、「共生社会」を目指した「インクルーシブ教育システム」という言葉は魅力的です。ただし、システムが構築されていない環境に、ただ通っていても本人にとって最適な学びは得られません。

大切なのは「共生社会」を目指して、各園が考えて自園でできるシステムを構築することです。本園の「混合教育」や「生活療法」はそのための手段であり、試行錯誤を繰り返す中で独自に構築してきたシステムの一形態といえます。安易に「混合」「インクルーシブ」すればよいという話では決してないことを多くの教育関係者、保護者の方々は、理解しておく必要があると考えています。

言葉を表層的に捉えてはならない

このように「混合」「インクルーシブ教育」などの言葉を表層的に捉えると、本質の部分を見失ってしまいかねません。特に教育界では、新しい言葉が生まれると大事な部分がないがしろにされたまま言葉や実践だけが広がっていく傾向があります。例えば、第4章で述べた「ICT化」にしても、それが手段・ツールであることを見失い、配備と活用が目的化しているようなケースが散見されます。

文部科学省が公示する幼稚園教育要領や学習指導要領についても、同様のことがいえます。言葉を表層的に捉えて形式的に実践しても、その成果は乏しいものとなります。大切なのは、言葉を正しく理解するとともに、その解像度を上げることです。

例えば、幼稚園教育要領の「健康」の項目には、「進んで運動しようとする」という「ねらい」が示されています。そうした中、子どもがみんなと足並みをそろえて踊っていれば、この「ねらい」は達成できているという見方をする人もいます。

でも、本当に「進んで」運動をしているのか、掘り下げて考えてみる必要があります。保育者の指示に従うだけで、「周囲がやっているから」という理由で、ただ何となく体を動かしているようなこともあり得るからです。「進んで」という言葉を深く読み解けば、子どもが運動することに楽しさを感じながら、自分の意思で主体的に体を動かしている必要があります。「させている」にもかかわらず、体を動かしている姿を表層的に捉えて、「進んで運動している」との見方をすると、教育の意味を取り違えることになります。

「進んで」という言葉が表す意味をどう捉えるのか、保育者は精度を高めていく必要があります。

「個別最適な学び」に潜む落とし穴

昨今、教育界では「個別最適な学び」という言葉が注目を集めています。この言葉が公的に示されたのは、中央教育審議会が2021年1月に出した答申においてです。文字通り、一人ひとりの習熟度や興味・関心に基づき、「個別」に「最適な」学びを提供することを意味します。

これまで、日本の小中学校では全員が一律に、同じ内容を同じペースで学ぶ形でおこなわれてきました。黒板とチョーク、教科書を使った「一斉授業」と呼ばれるものです。ところが、この授業形式では、理解が遅い子はついていけず、理解が早い子は退屈に感じてしまいます。「個別最適な学び」は、そうした状況を改善することを目指して提唱された概念です。

近年、小中学校には児童生徒に一人一台ずつデジタル端末が配備されましたが、これは「個別最適な学び」を実現するための道具・ツールとして位置づけられます。例えば、端末に計算ドリルのアプリが入っていれば、一人ひとりが習熟度に応じた問題に挑戦することが可能になります。とはいえ、「個別最適な学び」だけを実践しても、子どもたちが社会を生きていくために必要な力は育たないし、「共生社会」は構築できません。

中央教育審議会の答申では、もう一つ「協働的な学び」という概念も示されました。文字通り、子ども同士が互いに協働しながら、学んでいくことを指します。そして、答申では「個別最適な学び」と「協働的な学び」を一体的に進めていくことを提唱しています。

例えば、クラスの子どもたちが端末を使って計算に取り組んでいたとします。その中にASD児がいたとして、みんなと同じように「端末を使ってはいるものの、実際は自分の好きな図鑑を見ていたとします。一見すると、「個別最適な学び」が成立すると同時に、障害のある子とない子が同じ教室で学んでいるので、「インクルーシブ」な教育が実現しているように見えます。

しかし、こうした学習活動は「協働的な学び」とはいえません。このケースでは、それぞれが自分のやりたいことをする時間ではないので、みんなが計算に取り組んでいる中で、ASD児が達成感のある課題に取り組めるためにどうするかを考える必要があると思います。

大切なのは、「個別最適な学び」と「協働的な学び」を一体的に進めていくことです。「一体的に」という捉え方もさまざまあるのですが、本園での「混合教育」では、みんなと共に協働し成長するために「協働的な学び」を土台に置きつつ、それぞれの個々の特性に配慮した「個別最適な学び」が成立することを目指しています。そのために「少人数クラス」という教育環境をデザインしているともいえます。

「インクルーシブ教育システム」は誰のため？

「インクルーシブ教育システム」や「特別支援教育」と聞くと、多くの人は「障害のある子どもへの支援」をイメージします。例えば、視覚に障害のある子が普通教室で学べるよう、端末の音声アシスト機能を使うなどの措置が「特別」な「支援」だと考えます。ＡＳＤ児の場合も、第３章で述べた合理的配慮の数々などを思い浮かべる人が多いことでしょう。

確かに、そうした基礎的環境整備や合理的配慮が、「インクルーシブ教育システム」であり「特別支援教育」であるのは確かです。一方で、そうした整備や配慮が「障害児のためにやってあげていること」と捉えているようでは、本質を見失いかねません。私自身はむしろ、障害のない定型発達の子どもにこそ、「インクルーシブ教育システム」を実施していくことの意義があると捉えています。

これからの時代、日本はますます多様化します。異なる年齢、異なる国籍、異なる個性・特性をもった人たちが協働しながら、実社会を回していかなければなりません。これまでのように、同質性の強い集団だけで生きていくのは難しい時代です。企業にしても、多様な背景をもつ人たちの個性や特性を上手に生かすことが、企業戦略として必要になってくるでしょう。

「VUCA《ブーカ》の時代」という言葉を聞いたことがあるでしょうか。Volatility（変動性）、Uncertainty（不確実性）、Complexity（複雑性）、Ambiguity（曖昧性）の頭文字をとった言葉で、今の世界はそうした時代にあるといわれています。

そうした時代に求められる資質の一つは、「多様な他者と協働・共創する力」です。言い換えれば、同じようなタイプの人間ばかりが集まっても、イノベーションを起こすのは難しいものがあります。仲間のよさを見つけ、それを生かすにはどうすればよいかを考え、ゴールへ向かって行動を共にする。そんな力が必要になってくるといわれています。

本書の第1章で「クラス対抗リレー」のエピソードを紹介しました。練習中、すぐに地面に寝転がってしまう子がいる中で、子どもたちは「どうすれば勝てるか」について考え、知恵を出し合いました。そして、運動会本番に向けてクラス全員が一丸となって、勝利を目指しました。また、行事中に教室を飛び出していく子に、周囲の友達が「どうすれば戻ってくれるか」を考えながら接しているエピソードも紹介しました。こうした経験を3~5歳の頃から積むことの意義は計り知れないと私は考えています。

障害の有無に関係なく、社会には実にさまざまな個性・特性をもった人たちがいます。そうした人たちと協働・共創するためには、早い段階から同様の経験を積む必要があります。そう考えても、「インクルーシブ教育システム」は、むしろ定型発達の子どもたちにとっての意義が大きいのです。

実際、本園の保護者の中には、そうした点に魅力を感じ、本園を選んでくれる人も少なくありません。私たちが目指す「混合教育」や「共生社会」の姿を正しく理解してくださっていることは、とてもうれしく思います。

とはいえ、世の中を見渡せば、まだそうした価値に気づいている人は決して多くないように思います。インクルーシブ教育も、障害のある子に「特別」な「支援」をし、その子を普通教室で過ごしやすくすることに目標が置かれているように見えます。

インクルーシブ教育の意義は、むしろ定型発達の子どもにとって大きな意義があるのです。今一度、そうした視点から現状のインクルーシブ教育を見つめ直した上で、どんなシステムを構築していくかを考えていくべきだと考えます。

子どもの主体性を生かす

「ＶＵＣＡ時代」を生きる上で必要なもう一つの力として、「主体的に行動できる力」が挙げられています。先の章でも述べましたが、この点について日本の教育機関は多くの課題を抱えています。子どもに知識・技能を「教え込む」ような指導が、多くの場でおこなわれているからです。

子どもが何か困っているとき、大人はつい手を差し出してしまいます。そうして手助けをすれば子どもは喜びますし、効率がよいようにも感じます。しかし、結果としてそうした手助けが、子どもの成長機会を摘んでしまうことも少なくありません。

大切なのは、子どもがなるべく自力解決できるよう、適度な支援や必要な時間の配慮を含めた環境整備をおこなっていくことです。そうした働き掛けを通じ、子どもは主体的に当事者意識をもって行動する力を養っていくのです。

こうした力について、ＯＥＣＤは「Agency（エージェンシー）」という概念を示し、そうした資質の育成が必要だと指摘しています。今、世界は地球温暖化や食糧危機、国際紛争、パンデミックなど多くの課題を抱えています。人類がそうした課題を改善・克服していく上で、周囲と協働しながら主体的に行動できる人材を育てていく必要があるということなのです。

そうした観点からも、日本の教育は見直していく必要があります。最近ではようやく、「主体的で対話的で深い学び」という概念が示され、子どもの主体的な学びを重視するようになってきました。2023年に施行された「こども基本法」にも、子どもの意見を尊重することなどの文言が盛り込まれました。

とはいえ、広く全体を見渡せば、いまだ指導や訓練を通じて、未熟な子どもを大人にしていくことが「教育」だと捉えている人は少なくありません。その傾向は、幼稚園よりも小中高校のほうが強いように見えます。30~40人の子どもが45~50分間席に座り、教員の話を聞き続ける現状の授業スタイルが、そうした教育観を強めている可能性もあるでしょう。

一方で、幼児教育施設においても、一部では小学校の前倒しをするような形で、漢字や英単語を覚えさせているような所もあります。教育に正解はありませんが、私自身はむしろ、幼児期は安心安定が得られる環境で、根底となる人間性や学びに向かう力を涵養していくことのほうが大切だと考えています。

一人の子どもをチームで見る

昨今、幼稚園や学校は「チーム」として動くことが求められています。この「チーム」という考え方は、インクルーシブ教育システムにおいても、園全体における取り組みの基礎的環境整備の層を厚くするということにつながります。

「層を厚くする」とはどういうことでしょうか。それはまず、ASD児を受け入れる上で、単に担任に特別な支援を依頼するだけでなく、多様な子どもたちがいることが園の前提であると認識すること、つまり障害の有無に関係なく、すべての子どもを同じステージに立つ学習者として捉えることから始まります。

次に担任の負担を軽減できるよう、みんなで互いをカバーし合って保育を組み立てていくことを、保育者全員で合意形成することです。その際、「カバーし合う」ということの意味を、園と保育者において明確にすることが大切です。この具体的な合意が、その園のインクルーシブ教育システムにつながります。

最近では、保育の長時間化にともなって、またそれぞれの専門性を生かすという意味でも、保育者以外にもさまざまな人がかかわるようにもなりました。さまざまな方が保育にかかわることで、場合によっては外部機関や専門家との連携がうまくいかず、結果として教育にエアポケットが生じてしまうようなケースも想定されます。

「連携」の質もまた問われるのです。本園が専門家よりアドバイスをいただいたときに大切にしているのは、自分の保育の中でどの程度、何を生かせるかを考えた上で実践に移すことです。自分で咀嚼し、自身の責任あるいは園の保育者間で合意しつつ実施し、振り返って修正するというサイクルです。

吟味することなく、専門家だからとそのまま鵜呑みにしてしまうと、実際の保育の中でうまくいかない場面があったときに、「〇〇先生の言う通りにしたのに……」と人のせいにしてしまいかねません。

連携を推進することとは、自分の責任をしっかりと自覚しつつ、チームのために対応するという心構えが大切になると考えています。

「共生社会」は絵空事？

「共生社会」や「多様性の尊重」という言葉を聞いて、どこか絵空事のように感じる人もいるかもしれません。確かに、障害のある全ての人に社会で活躍の場を与えることが容易ではないことは、現状の障害者の雇用状況などからも指摘できます。

とはいえ、企業の中には障害者を積極的に雇用し、その特性を生かして業績を上げている企業もあります。その一つが、アメリカのＩＴ企業のマイクロソフト社です。同社では２０１５年から「障害者の包摂的雇用」と呼ぶプログラムを開始し、ＡＳＤの人たちの特性をプログラミングなどの業務に生かしています。雇用の責任者が「わが社には自閉スペクトラム症の人に合った職務がある」と話すなど、障害者の就労支援という範疇を超えて、ASDの人たちを積極的に雇用しています。

私自身も日々感じていることですが、ASD児の中には、大人が驚くような能力をもっている子もいます。興味・関心に偏りがあるため、自動車や鉄道、昆虫などの名前を片っ端から覚えてしまう子もいれば、「木を見て森を見ない」認知特性があるため、細部の細かな部分まで情報をキャッチできる子もいます。実際に、ASD児の中にも難関大学に合格したり、高度な専門職として活躍したりしている人も少なくありません。

もちろん、障害の程度にもよりますし、ASDの人が能力を発揮できる職場が限られているのも事実です。「障害者を雇用すれば、業績が上がる」などと、話を単純化していうつもりはありません。しかしながら、これまでは社会から多くの障害者が分離され、その特性や能力を生かそうとする視点が欠けていたのは確かだと思います。

日本は資源のない小国です。物を大量に製造して売るというこれまでのやり方では、大国とわたり合っていくのは難しいでしょう。求められるのは、クリエイティビティ（創造性）であり、その意味でも多様な人材を上手に生かしていく視点が必要です。そして、そうした社会をつくりあげていく上でも、インクルーシブ教育システムの構築が急がれると考えています。

地に足の着いた教育・保育を

昨今は、新しい教育の在り方として、多くの用語が飛び交っています。本書でも「インクルーシブ教育システム」や「個別最適な学び」、「協働的な学び」、OECDの「エージェンシー」などについて、本園とのかかわりを述べてきました。

ただし、本園がこうした実践を進めているのは、決して「文部科学省や中央教育審議会、OECDが提唱しているから」という理由からではありません。本園の「混合教育」は「インクルーシブ教育システム」という言葉が登場するはるか以前から実践してきましたし、子どもの「エージェンシー」を重視した教育も、OECDの提唱とは関係なく必要性を認識して実践してきました。

今、多くの幼稚園や学校は、こうした実践に取り組んでいくことが求められています。その際に注意しなければならないのは、実践を「コピペ」しようとしないことです。「インクルーシブ教育システム」についても、本園を含め多くの参考事例が示されていますが、それを丸ごと真似しようとしても、うまくいく可能性は低いでしょう。なぜならば、幼稚園や学校によって子どもや地域を取り巻く環境が異なっているからです。安易に「コピペ」をすれば歪みが生じ、子どもの実態に合わないシステムを構築してしまいかねません。

同様のことは、研究者が提唱する理論についてもいえます。本園の場合も、大学の先生をはじめ多くの専門家の方々とかかわりがありますが、そうした方々の言葉通りに実施しても不具合が生じるものです。私たちの実践の積み重ねの上に、自分のこととして整理し、日々の実践を改善する視点を得るための参考にさせていただいています。

「あの大学教授が言っていることだから」と盲信し、言われるがまま実践しても、大きな成果は得られません。各幼稚園・学校が子どもたちや地域の実態を踏まえて、独自の教育の在り方を模索し、職員同士で知恵を出し合いながら、仕組みを構築していくことが大事だと考えています。

いろいろな幼稚園から保護者が選べるようにすべき

「各幼稚園や学校が独自の教育を考えていくことが大事」という話と関連して、幼稚園や学校は多様であるべきだとも考えています。現状、公立の幼稚園や学校は、幼稚園教育要領や学習指導要領などにより、ある程度の均質性が保たれています。そのため、全国津々浦々どこに引っ越しをしても同じような教育を受けられるわけで、この点は「機会均等」の観点から、望ましいこととの見方もできます。

一方で、私立の幼稚園についていえば、幼稚園教育要領があるとはいえ、教育内容は園によって大きく違っています。子どもへの教育や支援の在り方についても、職員の組織体制についても、かなり多様性に富んでいます。

2021（令和元）年に幼稚園の利用料が無償化されていますので、私立園が複数ある自治体の保護者は、自分の子どもに合うと思う園を選ぶことができます。

こうして保護者が園を選択できる状況は、とても望ましいことだと考えています。保護者からすれば、家庭の教育方針に合った園を選ぶことが可能になるからです。各幼稚園も、保護者から選ばれる園にすることを目指し、教育や支援の充実を図ろうとするでしょう。

一方で、こうした状況に対し、「機会均等」や「平等性」の観点から望ましくないと考える人もいます。確かに、幼稚園間の格差があまりに大きくなるのは望ましくないかもしれませんが、かといって全体を均質化しようとすれば、各園の創意工夫が失われてしまいます。そうして全ての幼稚園が「金太郎あめ」化すれば、それは日本の幼児教育全体の地盤沈下を招きかねないと私は考えます。

これからの時代は「個」を生かすことが求められます。それは子どもについても、教員についてもいえることで、その個性や特性を最大限に生かすことが必要です。同様に、幼稚園や学校についてもそれぞれが独自の方針を打ち出し、互いに切磋琢磨しながら高め合っていくことが大切だと考えます。

余談ですが、保育所の場合は市町村が運営（委託）するため、まだ行政が通う園を決定する措置があると聞いています。この点はあまり望ましい状況とはいえず、複数の保育所がある自治体については、保護者が選べるようにしていくのが望ましいと考えています。

幼稚園の「共生社会」を実社会に広げる

ここ数年、教育界では「ウェルビーイング」という言葉がよく使われています。身体的、精神的、社会的、経済的に、心身が健康で満たされている状態を指す言葉です。

ウェルビーイングを考える上で大切なのは、特定の人のウェルビーイングのために、他の誰かが犠牲になってはならないということです。子どものウェルビーイングを優先した結果、教職員が過重労働を強いられているような状況は決して望ましくありません。互いが互いのウェルビーイングを願い、配慮し、一人ひとりがウェルビーイングを享受できる社会、それこそが「共生社会」だと私は考えています。

これを単なる理想論だと思う人もいるかもしれません。しかし、大切なのは、小さな組織・単位から共生社会をコツコツとつくっていくことです。家族、学校、企業、地域などの各レベルで、そこに所属する全ての構成員がウェルビーイングを得られるようにすること、そうした組織・集団をつくろうと努力することが大事だと考えます。

本園の「混合教育」や「生活療法」も、そうした展望の下で進めているものです。共生社会を本園の中につくれなければ、実社会の中にもそれはつくれない。そんな思いをもって、推進しています。

地域にある幼稚園や学校が共生社会をつくることができれば、それは地域の共生社会を築くことにつながっていきます。また、各地域が共生社会をつくることができれば、それは日本、世界へと広がっていきます。

日本全国には、何万もの幼稚園や学校がありますので、気が遠くなるような話かもしれませんが、一つ一つの組織・集団が知恵を出し合っていくことが大事です。

私とあなたとみんなのウェルビーイング。それが満たされた共生社会の実現を決して諦めてはならない。そう考えています。

おわりに

朝日新聞（教育面・2023年7月11日付朝刊）に本園の教育が取り上げられたご縁で、時事通信出版局様より出版の企画をいただきました。創立60周年を迎える節目に本園の取り組みをご紹介する機会ともなり、ありがたいことでした。

幼稚園教育要領の前文には、これからの幼児教育について「一人一人の幼児が、将来、自分のよさや可能性を認識するとともに、あらゆる他者を価値のある存在として尊重し、多様な人々と協働しながら様々な社会的変化を乗り越え、豊かな人生を切り拓き、持続可能な社会の創り手となることができるようにするための基礎を培うことが求められる。」とあります。まさにインクルーシブ教育から、この資質・能力は育つのだと思います。

本園の保育実践は、障害の有無にかかわらず子どもを尊重し、子どもたちが発揮する力を大切にするという、子どもたちの幸せを願う保護者と保育者の連携によって紡がれてきたものです。その営みは幼稚園から社会人になるまでのASD児の一貫教育で成り立ち、社会自立の実績は当学園ならではのものとなりました。

また、「混合教育」を掲げることによって、ASD児のみならず、通常クラスの子どもにとっても、保護者や保育者にとっても、互いのウェルビーイングをめざす園が実現しました。共生社会は誰かに求められるものでなく、自園が「みんなを幸せにする幼稚園」になることから実現します。そのための試行錯誤はこれからもずっと続くことでしょう。

本園には、国内外から多くの見学者（在園と未就園の保護者・大学の先生や学生・教育や支援施設の方・行政や政治家の方など）がいらっしゃいます。オープンにご覧いただいた皆様から頂戴するお言葉は、本園のよさや課題を示唆し、よりよい幼児教育実践に向けて、自分たちの実践を改善する貴重なものです。そんな折、幼児教育の質向上のために「探求」をキーワードにした取り組みをスタートするため、東京都庁の方々と、東京大学大学院教育学研究科附属発達保育実践政策学センターの野澤祥子先生が視察にいらっしゃいました。野澤先生より本園の取り組みについてコメントを頂戴しましたので、結びにあたり引用させていただきます。


目の前の子どもたち一人ひとりが幸せに生きるため、地に足のついた実践を積み上げてこられた歴史に、改めて感銘を受けました。

インクルーシブ教育を理念だけではなく現実のものにすることは、これからの日本に必須不可欠な課題だと思っています。理念を現実とする実践が、日本の幼児教育の文脈の中に確実にあるということが、とてもパワフルだと思いました。

これまでも（本園の）事例をとても興味深く拝聴してきましたが、その背後や周辺にある歴史や園のエコ・システムについて伺い、実際に拝見することで、改めて持続可能な仕組みを知ることができました。

特に、自閉症のお子さんと定型発達のお子さんの柔軟なかかわりができる環境やスケジュール、先生方の連携や研修、さらに保護者の方との関係性の構築について、本当に素晴らしいと思いました。

子どもたちの探究的な活動は、そうした基盤があってこそ成り立つのだと思いました。そして、言語化することが難しい幼児教育の実践について、わかりやすく言語化・可視化する取り組みにも頭が下がります。保護者の方に大きな物語と日常の物語の両方を伝えることの重要性についても、なるほどと思いました。

園と家庭で子どもたちの物語が発見され、共有され、循環することで、保護者も含めてインクルーシブになっていくのだと感じました。


今回の出版にあたり、時事通信出版局の大久保昌彦氏、（株）コンテクストの佐藤明彦氏に大変にお世話になりました。またこれまで園の取り組みにご賛同いただいてきた秋田喜代美先生には論説のご寄稿を賜りましたこと光栄に思っております。ありがとうございます。

本園を支えて下さっている多くの皆様に深く感謝を申し上げます。

加藤篤彦

本書のタイトルは子どもたちの「ウェルビーイング」を実現するための教育の姿を述べた『みんなの「今」を幸せにする学校──不確かな時代に確かな学びの場をつくる』（遠藤洋路・著／時事通信社）のタイトルを遠藤氏の許可のもとオマージュさせていただきました。快くご承諾くださった遠藤氏に感謝申し上げます。

【著者プロフィール】
加藤篤彦（かとう・あつひこ）

60年前からインクルーシブ教育を実践している学校法人武蔵野東学園に1982年から勤務。当時、「ベンチャー」的存在だった同学園の小学校で教員を勤めていた5年目に、幼稚園教諭免許をもっていたことから、期せずして武蔵野東幼稚園に園舎主任として異動。2年目から園運営に関わり、2003年より園長。園外では主に教育研究の分野で活動し、東京都私立幼稚園連合会や全日本私立幼稚園連合会での教育研究委員長、公益社団法人東京都幼児教育研修会の理事長などを歴任。現在は、一般社団法人全日本私立幼稚園幼児研究機構の専務理事、東京都私立幼稚園連合会副会長、武蔵野市私立幼稚園連合会長の任にある。また、公益社団法人全国幼児教育研究協会での活動も長く、調査研究部長を経て、同法人本部の理事。文部科学省やこども家庭庁において、これからの幼児教育のための諸課題の検討や、幼児教育の普及のため国行政と各都道府県等での幼稚園・認定こども園団体との連絡調整などに尽力している。平成30年幼稚園教育要領解説執筆協力者。

執筆サポート：（株）コンテクスト　佐藤明彦

みんなを幸せにする
インクルーシブ教育
自閉症児と定型発達児が共に学ぶ
武蔵野東幼稚園の挑戦

2024年4月6日　　初版発行

著　　者：加藤　篤彦
発 行 者：花野井道郎
発 行 所：株式会社時事通信出版局
発　　売：株式会社時事通信社
〒104-8178　東京都中央区銀座5-15-8
電話03(5565)2155
https://bookpub.jiji.com/

ブックデザイン　長内　研二（長内デザイン室）
編 集 担 当　大久保昌彦
印刷／製本　中央精版印刷株式会社

ISBN978-4-7887-1898-2　C0037　Printed in Japan
落丁・乱丁はお取り替えいたします。定価はカバーに表示してあります。
★本書のご感想をお寄せください。宛先はmbook@book.jiji.com